Les Mots maritimes empruntés par le Grec aux langues romanes

PAR

D. C. HESSELING.

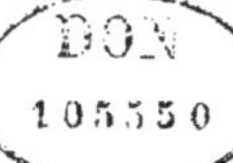

Verhandelingen der Koninklijke Akademie van Wetenschappen te Amsterdam.

AFDEELING LETTERKUNDE.

NIEUWE REEKS.

Deel V. N° 2.

AMSTERDAM,
JOHANNES MÜLLER
Mei 1903.

Les Mots maritimes empruntés par le Grec aux langues romanes

PAR

D. C. HESSELING.

Verhandelingen der Koninklijke Akademie van Wetenschappen te Amsterdam.

AFDEELING LETTERKUNDE.

NIEUWE REEKS.

Deel V. N° 2.

AMSTERDAM,
JOHANNES MÜLLER
1903.

Les Mots maritimes empruntés par le Grec
aux langues romanes

PAR

D. C. HESSELING.

Le regretté helléniste GUSTAVE MEYER a recueilli le premier les mots que les Grecs ont empruntés aux langues romanes [1]. Son travail n'était qu'une ébauche, forcément incomplète, comme l'auteur le savait lui-même et comme il a été démontré par ceux qui ont fourni des additions à sa collection [2]. Mais la critique ne s'est pas arrêtée à signaler des lacunes dans la liste de MEYER, elle a aussi fait ses réserves sur la méthode qu' a suivie l'auteur. Ainsi M. PSICHARI a reproché à MEYER de n'avoir consulté que des dictionnaires et des notes, prises au hasard de ses lectures; un examen attentif de la langue parlée l'aurait amené à distinguer les mots rares et les formes locales de l'usage panhellène. M. DIETERICH a exprimé le désir de voir grouper les mots étrangers d'après des principes de division locale et temporelle.

A mon avis on ne saurait contester le bien-fondé de ces remarques, mais d'autre part il faut reconnaître qu'un travail reposant sur ces principes ne pourrait être exécuté que par un habitant de la Grèce. Or, jusqu' à présent les Grecs ont témoigné fort peu d'intérêt pour les recherches portant sur le fonds non-hellénique

[1] *Neugriechische Studien IV. Die romanischen Lehnworte im Neugriechischen*, Vienne 1895.

[2] PSICHARI, *Revue Critique* XXIX (1895), p. 270 suiv.; PERNOT, *Roman. Jahresber.* 1895—1896, I p. 352 suiv.; KRETSCHMER, *Byz. Zeitschr.* VII (1898), p. 398 suiv.; DIETERICH, *Byz. Zeitschr.* X (1901), p. 586 suiv. et *Byz. Zeitschr.* XI (1902), p. 500 suiv.

de leur vocabulaire, et il est à craindre que leur indifférence pour ces études ne cesse pas de sitôt. Dans cet état de choses il me paraît désirable que ceux qui ne sont pas à même de faire des collections par voie orale, commencent à recueillir des mots appartenant à un même groupe sémasiologique, tels que les termes maritimes, les termes liturgiques, les termes militaires etc. En faisant ainsi, on risque moins de tomber sur des formes accidentelles, et, ce qui est très important, on pourra dans plusieurs cas se servir de dictionnaires techniques qui donnent les mots en usage dans une certaine époque et communs à toute la Grèce. Dans ces derniers temps l'utilité que peut avoir pour l'histoire de la civilisation et pour la science étymologique un groupement pareil a été mis en lumière par deux savants éminents, M.M. Osthoff et Schuchardt. [1]

Désirant contribuer pour ma part aux études de lexicologie néogrecque, j'ai choisi comme objet d'étude les termes maritimes que les Grecs ont empruntés aux langues romanes, parce que pour cette catégorie de mots il existe plusieurs glossaires spéciaux et parce que c'est surtout pour le vocabulaire des marins que le travail de Gustave Meyer laisse beaucoup à désirer. Il est étonnant — et ceci est une preuve de la façon un peu rapide dont il a accompli sa tâche — que ce savant n'ait pas dépouillé le glossaire nautique de Jal [2]), qui naturellement lui était connu et qu'il cite quelquefois dans ses fiches; s'il avait mis à contribution ce vaste recueil de termes maritimes de tous les pays, il aurait pu enrichir sa collection de plus de deux cents mots.

Le livre de Jal est une mine inépuisable de renseignements de toute sorte, un vrai monument du zèle infatigable de son auteur, qui a recueilli et expliqué les mots de plus de 30 langues. Ancien élève de l'école de marine à Brest, l'auteur joignait à une haute compétence professionelle une remarquable aptitude pour les recherches historiques; jamais il n' accepte sans les discuter les nombreux témoignages qu'il emprunte à ses devanciers. Son livre n'a qu'un seul côté faible, c'est le côté linguistique. Il serait injuste de reprocher à Jal que sa méthode de traiter les questions étymologiques laisse beaucoup à désirer, même si l'on tient compte de la date de ses écrits, mais on peut regretter qu'il n'ait eu qu'une connaissance très superficielle de toutes les langues étrangères, à l'exception du latin et de l'italien. Il avoue lui-même [3]) qu'il ne

---

[1] H. Osthoff, *Etymologische Parerga*. Leipzick 1901, p. V; H. Schuchardt dans *Zeitschrift für rom. Philologie* XXVI (1902), p. 425 suiv.

[2] Jal., *Glossaire nautique*, Paris 1848.

[3] Jal, *o. l.* p. 15.

possède pas les langues germaniques, ni les langues slaves; quant au grec moderne, rien ne prouve mieux l'insuffisance de son information que le fait qu'il cite très souvent les verbes sous les formes du subjonctif de l'aoriste, qu'il prenait pour l'indicatif du présent, p. ex. βαλέλα, καλέτα, καπακτίτα etc. etc. Il faudra donc se méfier des rapprochements qu'il propose et se contenter du riche matériel qu'il met à notre disposition. Il nous raconte lui-même comment il a recueilli les mots grecs: „Au Pirée, où l'on mit gracieusement à notre disposition la corvette Amalia, nous trouvâmes en 1841 cinq officiers de la marine grecque qui voulurent bien faire avec nous, sur le pont de ce navire, une double nomenclature des termes employés dans la marine de l'Archipel. Sous la dictée de ces officiers,... nous recueillîmes tous les mots nommant les cordages que nous touchions et les parties du navire que nous désignions: mots des dialectes vulgaires et la plupart corrompus de l'italien, mots de l'idiome hellénique empruntés à la langue d'Homère par une commission d'érudits et de marins, qui, justement orgueilleux du passé maritime de leur patrie, veulent, au moyen du vocabulaire, en attendant mieux, renouer le fil de la tradition antique, depuis si longtemps rompu. La nomenclature hellénique est destinée a remplacer un jour la nomenclature vulgaire." [1]) Nous allons voir tout à l'heure ce qu'il est advenu des espérances de ces officiers puristes!

D'une très grande valeur pour les recherches qui nous occupent, mais d'un accès moins facile que le Glossaire de JAL, sont les livres suivants.

1. Ὀνοματολόγιον ναυτικόν, Athènes 1884. Ce livre fut écrit par deux capitaines de vaisseau et un professeur de l'Université; l'usage en fut recommandé par décret royal du 1 Octobre 1858, suivi d'une circulaire ministérielle adressée à „toutes les autorités maritimes" et datée le 18 Novembre 1858. Nous empruntons à cette circulaire les phrases suivantes: „... παραγγέλλομεν νὰ μεταχειρίζεσθε τὸ ἑξῆς ἐν τοῖς ἐπισήμοις ἐγγράφοις τοὺς ἐν αὐτῷ [c'est à dire ἐν τῷ ὀνοματολογίῳ] κατακεχωρισμένους Ἑλληνικοὺς ὅρους ἀντὶ τῶν κοινοβαρβαρικῶν καὶ τῶν ἄλλων ἄχρι τοῦδε ἐσφαλμένως εἰσαχθέντων Ἑλληνικῶν.

Οἱ κυβερνῆται τῶν βασιλικῶν πλοίων θέλουν προσπαθήσει μάλιστα νὰ εἰσάξωσι τὰς Ἑλληνικὰς ταύτας ὀνομασίας καὶ φράσεις, ἀπαιτοῦντες τὴν χρῆσιν των εἰς τὴν συγγραφὴν τοῦ Ἡμερολογίου, εἰς τὴν ἐκφώνησιν τῶν κελευσμάτων καὶ εἰς αὐτὰς τὰς προσφωνὰς ἐν τῇ ὑπηρεσίᾳ σχέσεις των."

On espérait introduire cette réforme peu à peu (βαθμηδόν) et la rendre populaire εἰς αὐτὰς τὰς τελευταίας τάξεις τῶν ναυτῶν. Le livre se

---

[1]) JAL, o. l. p. 16.

compose de trois parties. La première contient une liste de 1887
termes maritimes; la forme puriste y est mise en tête, suivie des
termes correspondants en français, en anglais, et, en dernier lieu,
de la forme „barbare", c'est à dire de la forme universellement en
usage; dans plusieurs cas on a même laissé de côté ces formes
vulgaires. La seconde partie contient: *a.* une Ὀνοματολογία κατὰ τὴν
ἀρχαίαν γλῶτταν, qui donne les mots savants et les mots populaires
avec renvoi, pour la signification des termes, à la première partie
du livre, et *b.* une Ὀνοματολογία κατὰ τὴν κοινὴν ναυτικὴν διάλεκτον,
qui contient la même nomenclature en ordre inverse. La troisième
partie enfin renferme une collection de termes propres à l'artillerie
maritime; ici on ne trouve que du grec savant, du français et de
l'anglais, les formes populaires sont exclues.

La première édition de ce livre, datant de 1858, ne contient
que la première partie de celle que je viens de décrire et qui est
de 1884; elle a été imprimée à l'Imprimerie Nationale d'Athènes. [1]

II. Ἐγχειρίδιον τοῦ θωρακίτου, ἐξελληνισθὲν καὶ δημοστιευθὲν τῇ ἐπιταγῇ
τοῦ Ὑπουργείου τῶν Ναυτικῶν ὑπὸ Η. Φ. Κανελλοπούλου. Athènes 1892.
Ce volume, richement illustré, de 568 pages petit in 8°, est un
traité complet sur l'art d'équiper les vaisseaux; on trouve à la fin
un glossaire de termes maritimes en grec savant, avec leurs correspondants en langue populaire. Ce glossaire est moins riche que
l' Ὀνοματολόγιον, cité tout à l'heure; le livre lui-même nous a
rendu des services en expliquant la vraie signification de plusieurs
mots.

III. Περὶ ἐξαρτισμοῦ τῶν πλοίων, ἤτοι ἐξέτασις, καταμέτρησις καὶ ἀνα-
λογίαι τῶν ἐμπορικῶν πλοίων παντὸς εἴδους. Ἁπλαῖ μέθοδοι τοῦ σχεδιάζειν
καὶ ἐξαρτίζειν πλοῖα καὶ λέμβους, κόπτειν ἐν ἀναλογίᾳ καὶ ἐφαρμόζειν ἱστία,
σχοινία κλπ., κλπ., κλπ., μετὰ 35 εἰκόνων [et le portrait de l'auteur],
συντάξει τοῦ Ὑπουργείου τῶν Ναυτικῶν, ὑπὸ Γ. Ι. Κοττοβίλλη, Syra 1894.
Ce livre nous a été le plus utile de tous, non seulement à cause
du riche glossaire (grec savant et grec populaire) dont il est muni,
mais aussi parce que l'auteur, tout en se servant dans ses expli-
cations de la καθομιλουμένα, désigne les différentes parties du vaisseau,
les cordages, les voiles et les outils des marins par leurs formes
populaires, dont le glossaire donne la traduction en grec savant.
On voit donc que ce livre, paru le dernier, est le moins puriste:

---

[1] Déjà en 1839 il avait paru à Athènes un Κανονισμός qui poursuivait, à ce qu'il
semble, un but analogue à celui que se sont proposé les auteurs de l'Ὀνοματολόγιον, mais
je ne connais ce Κανονισμός que par une citation de Jal (p. 1314, i. v. τσιμανδούρα). Ce traité
était sans doute l'œuvre de la commission d'érudits et de marins dont parle Jal à la
page 16 de sa préface.

preuve remarquable du peu de succès qu'ont eu les efforts de cabinet des savants, quoique protégés par toute une série de recommandations ministérielles, sur le langage des marins! [1]

Cette dernière observation est pleinement confirmée par le livre d'un écrivain de talent, qui en 1899 a publié une collection de nouvelles maritimes; je parle des Λόγια τῆς πλώρης de A. KARKAVITSAS. L'auteur a été médecin de vaisseau; il se sert d'un grand nombre de termes techniques, ayant tous un caractère populaire très pur; son livre est un commentaire aussi instructif que charmant de l'aride Ὀνοματολόγιον ναυτικόν. [2]

Pour terminer cette énumération de livres qui m'ont fourni les materiaux de la liste de mots qu'on va lire, je nomme le dictionnaire néogrec-français de VLACHOS (Athènes, 1897) que j'ai dépouillé à cet effet. J'y ai retrouvé une très grande partie du vocabulaire des glossaires grecs, suivie d'une traduction française qui m'a paru très exacte.

Pour l'italien je me suis servi du *Vocabulario Universale della lingua italiana* de SCARABELLI (8 tomes in 4°., Milan 1878), du *Dizionario del dialetto Veneziano* de BOERIO (3me éd., Venise 1867) et surtout du *Dizionario di Marina* de FINCATI (Gènes et Turin, 1870).

II.

La grande majorité des termes que la marine grecque a empruntés à des langues étrangères est d'origine italienne. L'importation de ces mots date surtout des temps où les républiques commerçantes de l'Occident réussirent à s'emparer du commerce des Byzantins, où elles surent extorquer aux empereurs de la maison des Comnènes et de leurs successeurs la permission de fonder en Orient des colonies, qui peu à peu amenèrent la ruine économique de l'Empire, ruine moins dramatique mais aussi irréparable que la perte de sa puissance militaire [3]. Cependant il ne faut pas oublier que bien avant le 10me siècle, époque de la fondation du premier établissement des Vénitiens en terre grecque, la marine byzantine

---

[1] Je dois la connaissance et le libre usage des trois livres dont j'ai donné la description à l'obligeance de mes amis M. M. PSICHARI et PERNOT. Au dernier je suis encore redevable de quelques observations portant sur la phonétique des mots vénitiens qui ont passé en grec.

[2] Un certain nombre des mots maritimes qu'on lit chez KARKAVITSAS ont été examinés par M. DIETERICH dans la *Byzantinische Zeitschrift* XI (1902), p. 501 suiv.

[3] Cf. HEYD-RAYNAUD, *Histoire du commerce du Levant au Moyen Age*, Leipzick 1885—1886, I p. 242 suiv.

avait des relations très intimes avec les populations du littoral de l'Italie. L'équipage des flottes de Justinien et de ses successeurs se composait en partie des hommes de mer qui habitaient les ports de Ravenne, d'Ancône et de tant d'autres villes maritimes qui restèrent sous la domination plus ou moins réelle des empereurs de Constantinople. Dans ces premiers siècles après la fondation de la Nouvelle Rome il s'établit entre les deux marines un échange de termes qui d'une part faisait passer des mots grecs en Italie — dont plusieurs revinrent plus tard sous une forme italienne [1] — et de l'autre enrichissait le vocabulaire grec de quelques termes latins comme κούρσος, ἱερουλκάω [2]). De cette façon une partie du vocabulaire maritime des Italiens est d'origine grécolatine [3]).

Après la chute de Constantinople les Vénitiens gardèrent encore pendant deux siècles une position prépondérante en Orient; c'est à leur dialecte que la plupart des mots étrangers en néo-grec ont été empruntés. Souvent on peut reconnaître à la forme des mots grecs qu'ils sont d'origine vénitienne, mais ce n'est pas toujours le cas; en règle générale on peut dire que le nombre des emprunts vénitiens est beaucoup plus grand que ne le ferait soupçonner l'aspect des mots. Cela provient de ce que le vénitien et le grec moderne ont en commun plusieurs particularités phonétiques qui donnent une même forme à un mot italien, soit qu'il ait passé par Venise, soit qu'il ait été emprunté directement à la langue commune de l'Italie. Ainsi le vénitien, comme le néo-grec, ne connaît ni les chuintantes, ni les consonnes doubles; on ne pourra donc dire si un mot comme ἀπίκο (it. *a picco*) a perdu son double *k* en Grèce ou à Venise.

La difficulté est encore augmentée par le fait que la langue des marins italiens ne présente pas d'unité linguistique; des termes vénitiens ont cours dans d'autres ports que Venise et à son tour le langage de la ville des lagunes a été fortement entamé par le parler commun des Italiens. Je me bornerai donc à signaler comme vénitiens les mots seuls qui portent des traces indiscutables de leur origine vénitienne, soit par leur forme, soit par leur signification.

L'étude détaillée des changements qu'ont subis les mots italiens en Grèce est impossible sans une connaissance approfondie des dialectes de l'Italie, spécialement du dialecte de Venise. C'est donc un travail qui doit être fait par un romaniste et qui, du reste, se rattacherait

---

[1]) Citons comme exemples ἀρχαγέλο et ἱεμετζάρω.

[2]) D'autres termes comme βάρκα, καρίνα, σεντίνα, σκάλα ont été empruntés à une époque plus ancienne.

[3]) Voir FINCATI, *Dizionario di Marina*, p. 24.

plutôt à une étude sur *tous* les mots (maritimes et autres), dont le dialecte vénitien a enrichi le vocabulaire romaïque.

En attendant le traitement définitif de ce sujet intéressant, il sera utile d'établir dès maintenant quelques principes qui justifieront, je l'espère, la distinction que j'ai faite entre les emprunts vénitiens et ceux qui proviennent d'autres dialectes de l'Italie. Le *y* initial vénitien est une spirante; il s'en suit que les mots grecs d'origine italienne qui commencent par un γ sont des emprunts de Venise; s'ils provenaient de la langue commune de l'Italie on aurait en grec γκ. — Les mots masculins italiens terminant en - *e* donnent en grec des masculins en - ες, en - ις ou en - ος; p. ex.: *levante*, λεβάντες, *ponente*, πονέντες [1]: *cardinale*, καρδινάλες; *spione*, σπιόνες. En vénitien, en ancien-vénitien surtout [2], *e* tombe à la fin des mots; quand une liquide précède, les emprunts de cette catégorie deviennent en grec des neutres; on voit donc que κανόνι, καστόνι, κατρόμι, κασόνι etc. dérivent de mots vénitiens. — Le *t* entre deux voyelles devient en vén. un δ (qui souvent a fini par disparaître); l'origine de mots comme ἀράδα, ἀραδεύρα etc. est donc facile à reconnaître.

On sait que le traitement différent de *b* et de *d* (devenant β ou μπ, δ ou ντ, selon l'époque où le mot étranger a passé en grec) fournit le moyen le plus sûr de distinguer les emprunts latins des emprunts italiens [3]. Il y a dans notre liste quelques mots qui semblent violer cette règle. Ainsi nous trouvons βεγκάλα, βρατσέρα (mais aussi μπρατσέρα), γκαβάρα et δεσπέντσα au lieu de μπεγκάλα, γραμπάρα, ντεσπέντσα. Je crois que c'est surtout l'influence de la langue écrite (cf. les graphies βκαβάρα, βεγγάλα, βέλγιον etc.) qui a causé ces anomalies. En somme il ne faut pas oublier que les auteurs des glossaires n'ont pas rendu les sons avec la précision d'un phonéticien. Pour appeler en cas pareil l'attention du lecteur sur ces irrégularités, j'ai fait précéder le mot italien du sigle *cf*.

Les doublets πάντα et μπάντα, πάγκος et μπάγκος, παπαφίγκος et μπαμπαφίγκος présentent un phénomène bien connu dans la phonétique des mots étrangers; cette confusion de consonnes sourdes et de consonnes sonores provient de différences souvent assez subtiles entre les sons des deux langues qui se trouvent en contact. [4]

---

[1] Sommavera a les formes πονέντε et λεβάντε, mais l'auteur de ce dictionnaire était Italien et le témoignage de Κοτσοβίλλις et des auteurs de l'Ὀνοματολόγιον a une tout autre importance.

[2] Cf. Gröber, *Grundriss der romanischen Philologie*, Strassbourg 1888, p. 556.

[3] Μικρογιάννης, Λατινικά dans l'*Hestia* de 1891, II p. 49 suiv.

[4] J'ai essayé de préciser ce processus dans une étude intitulée „Spreken en Hooren" (*Taal en Letteren* XI (1901), 11me livr.).

En règle générale on peut dire que les mots italiens qui ont passé en grec ont un caractère très régulier. Les marins grecs empruntaient des termes à une langue qui leur était assez familière, qu'ils comprenaient presque tous et que la plupart d'entre eux parlaient plus ou moins bien. On n'a donc pas affaire à ces mutilations en apparence arbitraires qui sont le résultat d'emprunts faits par des gens qui entendent parler une langue barbare, dont ils ne distinguent que certains mots revenant à chaque instant.

A côté des changements phonétiques on remarque dans plusieurs cas des différences de genre entre les mots grecs et leurs originaux italiens. Nous avons déjà vu (p. 9) que quelques mots masculins deviennent neutre en grec, à cause de leur forme particulière en vénitien. Le changement d'un pluriel féminin comme *morse* en un pluriel masculin (μόρσοι) a probablement sa cause dans un phénomène phonétique: l'*e* grec étant beaucoup plus ouvert que l'*e* italien de *morse*, ce mot a pour l'oreille grecque une désinence qui sonne presque comme *i*. Sans doute c'est sur le singulier *mezzo* qu'on a refait en Grèce un pluriel μέντζα au lieu de μέντζοι (mezzi). D'autres changements sont plus difficiles à expliquer; citons: κουζινέτα (cuscinetto), κολτελάτσα (coltellaccio), κούτσα (cuzzo), λαμαρίνα (lamarin), μπότσος (bozza), μπούσουλας (busula), φέρσα (ferzo).

La longueur de la liste que nous allons publier prouve que l'influence exercée par la langue maritime des Italiens sur le vocabulaire grec a été considérable. Cependant on pourrait dire que cette influence paraît plus grande qu'elle ne l'est en réalité; on pourrait alléguer qu'en somme ces mots sont d'un usage restreint, et que la majorité des termes techniques n'est connue que des hommes de mer, par conséquent d'une partie seulement du peuple grec. Cette objection perd beaucoup de sa valeur quand on considère que pour les Grecs la mer et les choses maritimes ont une tout autre importance que pour les habitants d'un pays où le littoral ne forme qu'une partie insignifiante du sol de la patrie. En Grèce la mer entre partout dans le pays et il est probable que le langage des marins y est beaucoup plus familier aux habitants des villes qu'en Allemagne, en Russie ou même en France. Je crois pouvoir démontrer que même sur un point de morphologie et de syntaxe la langue commune de tous les Grecs a été entamée par le langage des marins.

Il existe en grec un certain nombre d'impératifs qui sont remarquables à un double point de vue. Je veux parler des formes telles que κόττα, στέκα, τρέχα, φεύγα; βάρδα, κράτα, μέτρα, μίλα, περπάτα, σταμάτα.[1]) On pourrait expliquer la désinence irrégulière de ces verbes par l'influence des verbes en - άω, mais en faisant ainsi on ne considérerait que le côté le moins intéressant du problème. Ce qui est vraiment curieux, c'est l'emploi syntactique de ces formes, parce que pour elles la langue grecque paraît abandonner un de ses traits les plus caractéristiques, la différence qu'elle fait entre l'aspect perfectif et l'aspect duratif du verbe. En effet, on dit φεύγα, βάλθα, μέτρα etc. aussi bien quand il s'agit d'indiquer une action momentanée que quand on parle d'une action continue ou répétée; d'après Barth (l. l.) ces impératifs du présent ont presque supplanté les impératifs réguliers de l'aoriste: on entend rarement φύγε, βάλθητε, μέτρητε etc.

Hatzidakis et Thumb [2]), qui ne parlent pas de l'irrégularité syntactique de ces verbes, attribuent l'*a* hétérogène à l'influence de έλα. Cette supposition est plausible en soi, non pas parce que έλα serait un synonyme de τρέχα et de φεύγα (Hadzidakis), mais parce que ce mot, étant d'origine turque [3]), réunit l'expression des deux aspects du verbe, qui dans les mots grecs sont représentés par deux formes différentes. Toutefois il est peu probable que l'impératif, ou plutôt l'interjection, έλα a entraîné un si grand nombre de verbes, ayant les significations les plus variées et pour la plupart s'éloignant beaucoup de celle du mot έλα.

La solution du petit problème devient beaucoup plus facile quand on se rappelle que dans le langage des marins on entendait αλάργα!, βίρα!, καλούμα!, λάσκα!, μάϊνα!, μόλα!, ίστα!, σκάντζα!, τραμόλα!, φέρμα!, etc. etc., expressions italiennes qui indiquaient presque toujours des actions momentanées. La ressemblance extérieure de ces formes avec des impératifs grecs comme βάττα, βούτα, τράβα a familiarisé les Grecs avec l'idée que tout commandement pouvait se faire à l'aide des impératifs en - α, sans que l'aspect du verbe fût exprimé. C'est ainsi que cette désinence, qui au fond constitue un solécisme, a fait fortune dans la langue.

Plusieurs mots d'origine italienne sont devenus si familiers aux marins grecs qu'ils s'en sont servis pour faire des noms composés

[1]) Cf. Barth, *Neugriechische Unterrichtsbriefe*, Leipzick 1898, p. 140. A côté de ces formes panhellènes Hatzidakis cite encore άμα, δράμα, δρόμα, εύρα, μάθα, πία, φύα (*Einleitung* etc., p. 425).

[2]) Hatzidakis, *l. l.*; Thumb. *Handbuch der neugr. Volkssprache*, Strassbourg 1895, p. 101. Si les formes ανέβα, διάβα, έμπα (comp. en attique ανάβα, διάβα, κατάβα) étaient pour quelque chose dans la formation de l'impératif moderne en — α, on trouverait cette désinence surtout dans les impératifs de l'aoriste.

[3]) D'après G. Meyer, *Albanesisches Wörterbuch*, p. 93; cette étymologie me paraît très douteuse.

qu'on ne retrouve pas en italien, comme βαρδαβέλα, τσακμπωνια etc. C'est une autre preuve de l'influence de la langue italienne sur le parler des Grecs.

Quelquefois les mots grecs ont conservé des formes anciennes qui dans l'italien d'aujourd'hui ne sont plus en usage; je renvoie à σκαμπαβία, τσίγκος, θηλάκα.

III.

Voici comment j'ai arrangé ma collection. Tous les mots grecs de provenance romane qui se trouvent dans les glossaires de Kotsovillis et de l' Ονομϫτολόγιον [1]) sont suivis de la traduction en grec savant et en français. La première de ces traductions est due aux auteurs maritimes grecs; j'ai emprunté la seconde au dictionnaire de Vlachos dont j'ai contrôlé les fiches (et expliqué, s'il y avait lieu) grâce aux lexiques de Jal, de Littré et de Hatzfeld-Darmesteter. J'ai cru utile de mentionner les équivalents en grec savant, parce que ces traductions, faites par des officiers de marine ont une grande valeur matérielle; elles contribuent à préciser la vraie signification des termes et elles mettent aux mains du lecteur le moyen de contrôler la traduction française et l'étymologie que je propose. Ainsi on apprend par la traduction προμήθεια que le mot πακετίνα ne signifie pas *pacotille*, mais *approvisionnement* et que, par conséquent, c'est un emprunt fait au dialecte de Venise (voir ci-dessous, dans la liste).

Les mots qui ne se trouvent pas dans les glossaires grecs que j'ai cités se distinguent par l'absence de la traduction en grec savant. Ils forment une petite minorité. Le fait que ces termes n'ont pas été reçus par les lexicologues grecs fait supposer qu'au moins quelques-uns d'entre eux ne sont plus en usage. [2])

En citant des livres rédigés par ordre alphabétique, tels que les travaux de Kotsovillis, de Gustave Meyer etc., il m'a paru inutile d'indiquer les pages où se trouvent les passages que j'avais en vue. Un mot italien cité sans commentaire veut dire que ce

---

1) J'ai fait une exception pour une demi douzaine de mots qui, tout en se trouvant dans ces glossaires spéciaux, n'ont point un sens technique. J'ai donc omis κολατσιό (déjeuner, collation), λίσσος (lisse), κουντράττο (contraste) etc., mais j'ai reçu κορδέλλα, parce que, dans le langage des marins, ce mot a la signification spéciale de décamètre.

2) Ainsi on peut, sous ce rapport, avoir des doutes sur quelques mots recueillis par Jal, ou empruntés par Gustave Meyer au lexique de Sommavera. M. M. Kretschmer et Dieterich, au contraire, ont recueilli par voie orale presque tous les mots dont ils ont traité.

mot a *exactement* la même signification que le mot grec qui, d'après moi, en dérive. J'avertis le lecteur chaque fois qu'il y a une différence sémasiologique. Les mots italiens ne sont pas étudiés dans leur histoire antérieure; ainsi on n'a pas indiqué que *avaria*, *catrame*, *ciurma* sont d'origine arabe et que *alare*, *issare* etc. sont des emprunts germaniques.

Les mots suivants ont déjà été publiés par divers savants dans les recueils que j'ai nommés à la première page de ce travail.

Par Gustave Meyer: [1]

ἀμορόζα*, ἀμπάτο, ἀντένα, βαπόρι, βολτάγιο, γαλιότα, γαμπάς, γάμπια, γάντσος, γατέτα*, γούμενα, γρέκος, δεπόζιτο, δισπέντζα, κάβος, καλαμίτα, καπετάνιος, καράβελα, κακαντίνα, καργάρω*, κασκέτι*, κάρμα, κάτσαρος, κόντρα, κορβέτα, κουβέρτα, κουζίνα, κουμπάνια, κουμπάτο, κουντουμάτσα, κόφα, λάργα, λεβάντες, λίνια, λογκαβίστα, λοστρόμος, μαδέρι, μαϊνάρω, μακαβέλα, μαντασούνι, μάντσε, μαντταμούσα, μασινέρις, ματτέλο, μεζάνα, μεζαρόλα, μολάρω, μόλος, μούττος, μπάγκος, μπαμπαφίγκος, μπάντα, μπαντιέρα, μπαστούνι, μπατάρω, μπίντα*, μπόμπα, μπόρα, μπουνάτσα, μπούνια*, μπουλέτα, μπούτσουλας, μπράτσο*, ὀρτσάρω*, ὄστρια, παγάδα*, παγκέτα, παλαμέντο, παρουκέτο*, παρτίδο*, πονέντες, πόρτο, πουλάκρα, πρέζα*, ρεσπέτο, ρεφουλιά, ρόδα, σάγουλα, σάικα, σαλούπα, σαλπάρω, σέτσουλα, σιάρω, σιγουράρω*, σιρόκος, σκαμπαβία*, σκάγιος, σκότα, στίβα, στιγγάρω, στρόπος, τάκος*, ταρτάνα, τιμόνι, τραβέρσα*, τραμουντάνα, τριγκέτα, τρόμπα, τσέρκι, φερμάρω, φιγούρα, φουγλάρος, φορτσάρω, θουρτούνα, φούττα (105 mots).

Par M. Pernot:

ἀβαρία*, ἀγκουτάντες, ἀγκουρέτο, ἀλάρα, ἀνέλο, ἀμπαντουνάρω, ἀπίκο, ἀργανέλο, βαρδαβέλα, βαρδαλάντες, βαρδαμάννες, βαρδαφόγος, βαττέλο, βέντο, βιντάρις*, βιράρω, βογάρω, γαβάρα, γάμπια, γαμπιέρις, γαρλίνο, γαρμπής, γάτο, γολέτα, καλάρω, κάλμα, καμπίνα, κανόνι, καπουάρω, καρένα, κάσαρος, κατράμι, καττάρω, κοττιέρα, κοττάρω, λαπάτσα, λιγάρω, λίσσο, μαγκιόρα πανιά, μαγκάρα*, μιντάρω, μιρλίνο, μουρέλα, μπαγκέτα, μπάρα*, μποττάρω, μπούκα, μπουράτσα, μπρουλάρω, νάβε, ὄκις, ὀρτσάρω, πακοτίλια, παπαφίγκος, παραπέτο, πετνάρω, πιλότος, πινέλο, πίπα*, πιστόνι, πόμπα, πόμελο, ποντόνι*, προβάρω, προβλιόνα, ρεζέρβα, ρότα, σινιάλο, σκαλιέρες, σκαντζάρω, σκάρτο, σκότα, σπεράντσα, στράλιο, στράττο, τορέλο, τρούμπα, θελούκα, θιλασέτο, θινέττα, φλόκος, θούντο . . . . . (83 mots).

Par M. Kretschmer:

βιράρω, μπουστρέτα, βουκαπόρτα, καλάρω, καλουμάρω, κανόνι, κομπάττο, κοντραμεντζάνα, μάινα, μπίστρα, πιλότος, προύβα, πούπα, σιγόνδος, τρίγκος, φλόκος, θλόττα . . . . (17 mots).

---

[1] Je note au moyen d'un astérisque les termes dont je proposerai une explication ou une étymologie différente.

14   LES MOTS MARITIMES EMPRUNTÉS PAR LE GREC

Par M. Dieterich :

(*Byz. Zeitschr.* X (1901), p. 592 suiv.) : κασένα, καβότζι, μάρκενα,
παγάδα*, παρτιπέρλος, παρτίδα, τεράρα, τουβετάρα . . . . (8 mots).

(*Byz. Zeitschr.* XI (1902), p. 501 suiv.) : αλτάνα, γαλέτα, καρζέτο*,
κούντρος, κουρτελάττα, μετζάστρα*, μονουβέλα, μούδα*, μούρτος*, μπουκάρα*,
μπούμο*, μπούνια*, μπουρίνι, μπρούλι, πίκι, ράντα, σκάττα*, σπεράντσα,
στιγγάρα*, στραλιέρα, τρίγκος . . . . (21 mots).

Les mots de Jal que je n'ai pas retrouvés dans les autres glossaires sont les suivants :

ζουμπάρα, καβιτέλο, καλάνκα, καλζέτα, κάρικο, κουτέρβα, μανετζάρα,
μπαδένα, μπάλι, μπανκάττα, μπαστιγκάγι, μπουλβεδέρι, πιλοτάγιο, πρίζα,
ραττσούνι, ραφάλα, ταρπάρα, σταγκάρα, τέρρα, τσουρμάρω, Φιλάρω, Φουντάρω,
Φουρκάδα . . . . (24 mots).

La liste que je fais suivre contient environ 450 termes dont
l'etymologie paraît certaine.

ἀβαρία f., βλάβη, avarie, it. *avaria*. Dans le traité de Kotsovillis (p. 75), l'extrémité d'une vergue est également appelée ἀβαρία.
Le rapport sémasiologique est difficile à saisir, et je ne connais
pas d'autre mot italien correspondant à ce sens particulier du mot grec.
ἀγιουτάντες m., ἐρθατήρ, balancine (nom d'un cordage), it. *ajutante*.
L'étymologie paraît certaine, toutefois il faut observer que les lexiques italiens ne connaissent pas la balancine sous le nom de *ajutante*.
Peut-être les Grecs ont-ils appliqué le mot *ajutante* dans des locu-
tions comme *ajutante calafato*, *ajutante carpentiere* etc. au cordage
qui sert à hisser ou à tenir suspendues les vergues.
ἀγκουρέτο m., καρκέτης, grappin, it. *ancorella*.
ἀλάρω, ἕλκω, hâler, it. *alare*.
ἀλτάνα f., voir ci-dessous λαντσάνα.
ἀμορόζες f. ou μορόζες, ἀκρόδια, rabans d'empointure (cordes servant
à amarrer les coins supérieurs d'une voile aux vergues) : cf. it.
borose. Le mot *amorosa*, que cite G. Meyer, ne paraît jamais
avoir cette signification.
ἀμπαντσουνάρω, ἐγκαταλείπω, abandonner (une ancre, un câble etc.),
it. *abbandonare*.
ἀμπάσο, χαμηλόν, à bas, it. *abasso*. — Chez Karkavitsas (p. 57)
on lit ἀμπατσογάμπια, la première hune.
ἀνέλο n., δακτύλιος, cigale (anneau d'ancre), it. *anello*.

ἀντένα f., κεραία, antenne, it. *antenna*.

ἀπίκο, κατὰ κάθετον, à pic de l'ancre, it. *a picco*.

ἀργανέλο n., ἐνίσκος, davier (petit cabestan), vén. *arganelo*.

ἀρέτες f., ἄκανθαι, cornières (deux pièces de bois servant à consolider l'union de la poupe avec l'étambot), it. *alette*. La traduction en grec savant part de la supposition qu' ἀρέτες vient du latin *arista* on du fr. *arête*, mais l'identité de signification qui existe entre ἀρέτες et l'it. *alette* est un obstacle. L'anc. fr. *areste* (de la poupe) a un tout autre sens.

ἀρμάδα f., flotte; vén. *armada*.

ἀρμαδούρα f., σκαλμοδόκη, râtelier de tournage, vén. *armadura*. Il ressort du traité de Κοτσοβιλλης (διακρῖνομεν τὴν σιδηρᾶν στρογγύλην ἀρμαδούρα, p. 99) que le mot signifie aussi *tringle*. L'étymologie n'est pas douteuse, quoique les lexiques italiens ne mentionnent ni l'une ni l'autre des deux significations. D'après JAL *armadura* signifie en ancien italien *armure*, pièce de bois faite pour fortifier un système de morceaux réunis.

ἄρμπουρο n., ἱστός, vén. *arboro*; ἀρμπουρέτο n., στηλίς, vén. *arboreto*; ἀρμπουρίζω, ἱστοθετᾶ.

βαπόρι n., ἀτμόπλοιον, bateau à vapeur, it. *vapore*.

βαρδαβέλα f., ἱστιούχος, filière d'envergure, vén. *varda* + *vela*; le mot composé n'existe pas en italien, ce qui est aussi le cas pour βαρδαζέντες, βαρδαλάντσες, βαρδαμάνες, βαρδατέντες, et βαρδαφόγος (voir ci-dessous).

βαρδαζέντες f., χειραγωγοί, filières de salut, vén. *varda* + *gente*.

βαρδαλάντσες f., λεμβοῦχοι, tangons (pièces de bois auxquelles on amarre les barques), vén. *varda* + *lancia*.

βαρδαμάνες f., même signification que βαρδαζέντες, vén. *varda* + *mano*.

βαρδαμάς m., δακτυλήθρα, dé (des voiliers), emprunt direct au vén. *guardaman* (BOERIO), sans doute devenu déjà en vénitien *vardaman*.

βαρδάρω, προφυλάττω, garder, vén. *vardar*.

βαρδατέντες f., σκηνοῦχοι, filières de tente, vén. *varda* + *tenda*.

βαρδαφόγος m., προεκτάτης, arc-boutant du foc, vén. *varda* + *fogo*. La forme usuelle du mot italien est *flocco*; le *l* est difficile à expliquer. Peut-être la seconde partie du mot grec est φόγος dans le sens de „vergue sèche"; JAL la dérive d'un mot vén. *fogo*, qui toutefois ne se trouve pas dans BOERIO.

βαττέλο n., καταδρομικόν, vaisseau de ligne, it. *vascello*. Le phénomène de *s* devenant *ts* n'est pas inconnu à la phonétique grecque; qu'on compare κατσαρόλα de *casseruola*, κάτσα de *cassa*, l'anc. κέτσουλος donnant κέτσουλας et κοτσῦλι.

βεγγάλα f., πυρσός, feu de Bengale; de l'it. *fuoco di Bengala*.

βελαστράλια n. pl., πρότονια. voiles d'étai, it. *vela di straglio*.

βέντα μπαττουνιού n. pl., ἐπιτόνια. bras, it. *venti*.

βέτα f., ἄκρα. bout d'une corde, it. *vetta*.

βεντάριο n., βιβλίον ἀπογραφῆς. inventaire, it. *inventario*.

βιράρω (βιργάτα), στρέφω. virer au cabestan, it. *virare*.

βογάρω, ἐκωπῶ, voguer, vén. *vogare*.

βόλτα, στρέφω, tour, it. *volta*; βολταντζάρω, it. *volteggiare*; βολτάντζο de *voltaggio*. En italien on dit d'ordinaire *voltazione*.

βρατσέρα f. ou μπρατσέρα, γαυλίς. petit navire à deux mâts, faisant le grand cabotage dans l'Adriatique; cf. vén. *brazzera*.

γαβάρα f., φορτηγόν. gabare (bâtiment de transport), vén. *gabara*.

γαλέτα f., διπυρίτης. galette; puis, par métaphore, ἐπίμηλον σημαίας. pomme du bâton de pavillon, vén. *galeta*. Le mot italien signifie seulement „biscuit des marins" (galette); le mot vénitien (*galeta*) a aussi la signification de „cocon du ver à soie"; la signification „pomme du bâton de pavillon" est donc essentiellement grecque.

γαλιότα f., galiote, vén. *galeota*.

γάζο n., oeil (trou d'une voile par où passe le cordage), vén. *gazo*.

γάντζος m., κοντός. gaffe, vén. *ganzo* (it. *gancio*); γαντζώνω, γαντζωτός, γαντζιέρης.

γαμπάς, caban (capote de matelot), vén. *gaban*.

γάμπια ou γάπια f., δέλαρ, hune; vén. *gabia*; γαμπιέρης, gabier (matelot préposé au service de la mâture).

γαρλίνο n., δίπλοκον σχοινίον. grelin, vén. *garlin*.

γαρμπής m., λίψ, vent du Sud-Ouest, vén. *garbin*.

γάτα f. = γάζο, ἀγκύλη. oeil de cordage, vén. *gaso*. G. MEYER a tort de voir dans le dimin. γατέτα un dérivé du franç. *ganse*, *gansette*; c'est encore un mot vén.: *gaseto*, dimin. de *gaso*.

γάφα f., ἁρπάγη, gaffe, dial. de Sardaigne *gaffa* (cf. KÖRTING 1401).

γολέτα f., μίστικον. goélette, vén. *goletta*; γολετόμπρικο n., variété de la goélette.

γούμενα f., κάλως, câble, vén. *gumena*.

γρατί n., λάμα, ἀντίτονον, ralingue (cordage cousu autour des bords d'une voile), cf. it. *gratile*; γρατολογά, λαματίζα, ralinguer.

γρέγος m., ou γρέκος ou γρεγάλες, μέσης. vent du Nord-Est, it. *greco*, *grecale*; γρεγολεβάντες m., μεσοπηλιώτης, vent d'Est-Nord-Est; γρεγοτραμουντάνα f., μεσοβορέας, vent du Nord-Nord-Est; γρεγουλίζα, κλίνει πρὸς ἀνατολικά. Les formes avec γ sont vénitiennes, celle avec κ est italienne.

γριζόλα f., πυξιδοθήκη, habitacle (armoire où l'on enferme la boussole); l'italien *grisola* a une signification un peu différente, celle de

„arnese fatti di cannucce palustri, o graticcio fatto di vimine" (terme maritime d'après Scarabelli). L'habitacle s'appelle en italien *chiesola*; il y a peut-être contamination avec ce mot.

δεσπέντσα f., ἐνθέμιον, l'endroit du navire où l'on garde les provisions; cf. it. *dispensa*.

δέττσα f., croupière (nom d'un câble); cf. it. *destra*.

δίποντες, δίκροτον, vaisseau à deux ponts; it. *dueponti*, en grec changé par étymologie populaire.

ζουμπάρω, refouler une cheville, it. *zombare* (battre, tapoter).

ἰσάρω, αἴρω, hisser, it. *issare*.

καβίλια f., κέττρα, épissoir, it. *caviglia*; καβίλια est aussi le nom d'une épissure spéciale.

καβιτέλο n., gaviteau (bouée), it. *gavitello*.

κάβος m., ἄκρα (συσπάστου), bout, vén. *cao*; puis „promontoire". Nulle part je n'ai trouvé la signification „voile" que Meyer mentionne d'après Somavera.

καβαντζάρω, παρακλλάττω, doubler, dépasser. On reconnaît dans le mot grec deux éléments italiens: vén. *ca(v)o* (it. *capo*, cap) et vén. *avanzare* (faire route, cf. Jal), avec dédoublement des deux syllabes identiques. Le mot composé ne se trouve pas dans Boërio.

καδένα f., ἅλυσις, chaîne, vén. *cadena*.

καλαμίτα f., aiguille de boussole; it. *calamita* (καλαμίτης, Körting 1721).

καλάνκα f., petite baie, crique, it. *calanca*.

καλάρω, ἀφίημι, laisser tomber; — νερό, faire eau, it. *calare*. καλάρισμα n., διαῤῥοή, voie d'eau.

καλζέτα f., cosse, vén. *calzeta*.

κάλμα f., γαλήνη, temps calme, it. *calma*.

καλουμάρω, καθίημι, filer de la chaîne, it. *calumare*; καλουμάρισμα n., κάθεμα, touée. En grec on a formé un substantif postverbal de καλουμάρω, τὸ καλούμα, qui équivaut à καλουμάρισμα.

καμαρίνο n., ἐξέδρα, ὑπόστεγον, galerie du vaisseau; it. *camerino*, avec signification un peu différente: cabine d'officier.

καμπίνα f., θάλαμος, cabine, it. *cabina*.

καμπανέλι n., κιονίσκος, bitton (pièce de bois formée de deux montants et d'une traverse sur laquelle s'enroulent les câbles); it. *campanello*, mot qui cependant n'a pas ce sens particulier.

κάνα f., εἰς πόδα Ἀγγλικά, mesure de longueur, it. *cana* (,,misura pel legname da doghe di metri 1,57", Scarabelli).

κανάτι n., κάθαν, canette, it *cannata*. Le mot est courant dans le sens de „cruche".

κανόνι n., τηλέβολον, canon, vén. *canun*.

καντηλίττα f., ὑπέρα, cordage pour hisser l'ancre, it. *candelizza*.

καπάκι n., πῶμα, toile cirée qui protège un cordage, une pièce de bois etc., it. *cappa*. De *cappa* (κάπα) on a formé en grec καπάρω, ἀντρερμά, mettre les voiles sur le mât. En vénitien on dit *capegiar*; καπάρω n'est donc pas un emprunt direct.

καπελάρω, τραχηλιά, capeler (mettre un cercle de fer au bout d'un mât), it. *incappellare*; καπέλαμα n., τραχήλαμα, capelage; καπελαδούρα f., τράχηλος, vén. *incappelladura*.

καπετάνιος m., πλοίαρχος, capitaine de vaisseau, vén. *capitanio*.

καπόνια n. pl., ἐπωτίδες, les bossoirs des ancres, vén. *capon*. Le mot *capon* signifie aussi „capon" (gros palan), de là καπονιάζω et καπονιάρω, caponner (hisser) l'ancre.

καπονιέρα f., cage à poules, nom des cerceaux qui portent la couverture en toile d'une barque, vén. *caponera* (it. *caponaia*).

καπονοβέτες, σχοινίον συσπάστου, cordage d'un palan, it. *cappone* (palan) + *vetta* (bout de corde).

καπουτσίνος m., ἀναστολεύς, lève-nez (corde qui sert à élever), it. *cappuccino*.

καράβολας m., κοχλίας, gond, pivot; vén. *caragol*, qui a le sens de *escargot* et *d'instrument en fil de fer de forme spirale servant à nettoyer les canons*. Il paraît donc que la signification de *gond* s'est développée en Grèce où l'on connaît aussi le mot dans le sens de *escargot* (THUMB, *Indogerm. Forsch.* II, 85, 115). Le γ entre deux voyelles devenant β peut être un phénomène grec; il est courant à Pyrghi (communication de M. PERNOT).

καραντίνα f., quarantaine, it. *quarantina*.

καρατέλο n., ὑδροδοχεῖον, baril d'eau, it. *carratello*.

καρβουνιέρα, προτόνι, tourmentin (petite voile qu'on met pendant l'orage), vén. *carbonera* (sorta di vela nigra). Ici le changement de *b* en β s'explique par l'influence de κάρβουνο.

καργάρω, φορτώνω, charger, vén. *cargar* (it. *caricare*). Le mot καργάρω signifie aussi κατακλίνω πλοῖον, abattre en carène; on en a formé les subst. καργάρισμα n., κατάκλισις πλοίου, et κάργα f., ἔκκλισις, nom d'un câble. L'italien *caricare* (vén. *cargar*) n'a pas ce sens; je crois que cette signification de καργάρω se rattache au mot latin **carricare* (proprement „mettre sur un chariot"), qui a donné naissance à l'italien *caricare*, au provençal *cargar* (d'où fr. *carguer*), et au français *charger*. Le grec aurait donc conservé le mot dans un sens, rapproché de celui du français „carguer": transporter, mettre en sûreté.

Le grec καργάρω n'a pas la signification spéciale de fr. *carguer* au sens de „replier les voiles".

καρίνα f., καρίνα (mot latin!), quille, it. *carena*; καρενάγιο n., τρυπιστήριον, carénage, it. *carenaggio*; καρενάρω, τροπίζω, caréner, it. *carenare*.

κάρικο n., cargaison, it. *carico*.

καρκέσι n., calcet. G. MEYER n'ose pas dériver ce mot de *calcese* (mot italien de signification identique) à cause du κ. Καρκέσι n'est autre chose que l'anc.-grec καρχήσιον, emprunté par les Romains et conservé dans un ancien dialecte roman du littoral oriental de l'Adriatique, dans lequel les consonnes gutturales restaient intactes devant les voyelles palatales (cf. GRÖBER, *Grundriss der rom. Philologie*, I p. 556). C'est probablement de ce dialecte, ou bien du latin, que les Grecs ont repris leur mot. G. MEYER traduit καρκέσι par „Mastkorb" (hune); le calcet est plutôt l'extrémité d'un mât de chaloupe, arrangée de façon à ce qu'on peut y introduire une poulie pour hisser la voile. Le grec classique καρχήσιον avait à peu près la même signification; au dessus de lui se trouvait le θωράκιον, la hune (Athén. Deipnosoph. 11, 49).

καρλίνο n., δίπλαρμα, grelin (nom d'un cordage), it. *carlino* et *gherlino*.

καρτέρι n., τέτρας, quartier, it. *quartiere*.

καρτίνι n., τεταρτορόμβιον, quart de rumb (espace angulaire qui sépare les aires du vent de la boussole), vén. *quartin*.

κατακάλι n., ἰθμός, σχαστήριον, clef du mât; cf. it. *caciocavallo*.

κάτασο n., ἐπίστεγον, duvette, vén. *cassaro*.

κατόνια n. pl., κιβώτια, caissons, vén. *casson*.

κασταγνα f., linquet, vén. *castagna*.

κασταγνόλα f., κατοχεύς, taquet de tournage, it. *castagnola*.

κατράς f. et κατράμι n., κέδρια, goudron, vén. *catram*; κατραμένα, ἀκατράματος, goudronner, non-goudronné.

κάτσα f., et κάσα f., emplanture du mât (non pas „partie inférieure du mât", cf. DIETERICH B. Z. XI, p. 503); it. *cassa* et *scassa*. Voir ci-dessous σκάτσα et, pour le -τσ, βατσέλι.

κατσαβίδι n., καχλαστρούδιον, tournevis, vén. *cazzavide*.

κατσάρω, ἕλκω, tirer une voile, it. *cazzare*.

κορμπατόνι n., θωλαστομάχος, courbaton (arc-boutant du beaupré), vén. *chorbatona* (cité par JAL, p. 472, d'après un ancien traité sur la „Fabbrica di galere"): le mot ne se trouve ni dans BOËRIO ni dans FINCATI. D'après HATZFELD et DARMESTETER le mot français dérive de l'espagnol *curcaton*, de *curco*, courbe; la graphie *courbaston* serait due à une fausse étymologie. Le mot grec, qui a également l's, fait supposer que l'étymologie populaire, si en effet elle est en jeu, s'est exercée déjà en vénitien, d'où les Français et les Grecs ont pu emprunter leur termes.

κλαπάτσες f. pl., jumelles (pièces de bois qui fortifient un mât). Le mot se trouve seulement dans JAL (p. 885), qui le dérive de l'it. *lapazza* (même signification); il est probable que le mot grec a conservé une forme ancien-italienne *clapazza* (d'où *lapazza*), provenant du grec κλάπα, qui au pluriel a encore de nos jours la signification spéciale de „jumelles" à côté de celle de *barre* et de *sabot*. G. MEYER (p. 35) a eu tort de voir dans κλάπα un mot d'origine romane (cf. le même auteur dans *Neugr. Studien* II, p. 82); c'est sans doute le même mot que κλάπα, soulier en bois, qui se lit chez DION CASSIUS (77, 4, 5). L'étymologie en est inconnue; PASSOW et SOPHOCLES le dérivent du lat. *clarus*, ce qui est inadmissible.

κολόμπα f., στηλίς, bas-mât; l'it. *colomba* signifie *quille*, cependant c'est bien le même mot.

κολομπίρι n., κεραία, ton (partie supérieure du mât), it. *colombiere*.

κομπόγιο n., convoi, cf. vén. *convoglio*.

κουσέρβα f., conserve (navire qui en doit accompagner un autre), it. *conserva*.

κοντέντσα f., ψυγεῖον, condenseur; substantif postverbal formé en grec de l'it. *condensare* (*κοντεντσάρω).

κόντρος m., σίπαρος, bosse d'amures (gros bouts de cordes destinés à renforcer les écoutes), vén. *contre*. L'z au lieu de l's s'explique par κόντρα (voir ci-dessous); l'influence a pu s'exercer soit en vénitien soit en grec.

κόντρα, contre, it *contra*. Cette préposition est très fréquente dans les termes maritimes, p. e. κοντραμαρένα, κοντραμαντάρω, κοντραστίγκαι, κοντραφλόκος etc. Dans toutes ces formations κόντρα, comme *contro*, „indica opposizione, sovrapposizione, rinforzo" (FINCATI); je ne citerai pas tous ces composés et je renvoie aux mots principaux.

κορβέτα f., corvette, it. *corvetta*.

κορδούρος m., ὑπόστρωμα, faux-pont, vén. *coridor*. L'z fait quelque difficulté.

κορδέλλα f., ταινία (μέτρου), décamètre, vén. *cordela*.

κορδόνι n., κάλων, cordon de câble, vén. *cordon*.

κόρκομα ou κούρκουμα n., μήρυμα, pièce de filin, aussi „glène" (rond d'un cordage roulé sur lui-même), vén. *curcuma*. C'est sans doute le même mot que κούρκομα, *muselière*, que dans le temps j'ai signalé comme mot obscur dans la traduction néo-grecque du Pentateuque de 1547 (Préface, p. XXIII).

κοστιέρα f., ἐπακτρον, navire de cabotage, it. *costiera*.

κότερο n., κέρκουρος, cutter, it. *cotter[o]*.

κοτσάρω, ἐνάπτω, accrocher; l'it. *cozzare* répond pour la forme, mais la signification est différente: *cozzare* signifie *frapper* et ne se trouve pas parmi les termes maritimes qu'a recueillis Fincati. La signification *heurter* forme en quelque sorte une transition de sens entre le verbe italien et le verbe grec. Dans κότσα f. ou κούτσα πλευρό, γνάθος, mâchoire (fourche ou croissant à l'extrémité des vergues leur permettant de s'arc-bouter sur le mât), il faut voir un subst. postverbal de κοτσάρω.

κουάρτα f., τέταρτον, quart, it. *quarta*; κουαρτίνι n., τεταρτομόρßιον, quart de rumb, suppose une forme vénitienne *quartin*.

κουβέρτα f., κατάστρωμα, pont, vén. *coverta*.

κουζίνα f., μαγειρείον, cuisine, vén. *cusina*.

κουζινέτα f., τριβεύς, coussinet, it. *cuscinetto*.

κουκέτες f. et κουτσέττες (Jal), ἀγκαλιάματα, couchettes, it. *cuccette*. Le κ de la première forme grecque est difficile à expliquer. C'est un tout autre cas que κακάτσι (voir ci-dessus), parce que le mot italien ne dérive pas d'un original latin, mais d'un terme français.

κουμπάνια f., ἐνθέμιον, soute (retranchement fait à fond de cale, où l'on met le pain et la poudre), anc. it. *compania*.

κουμπάσι n., διαβήτης, compas, it. *compasso*; κουμπασιέρα f., διαβητοθήκη.

κούνιο n., προσαγώγιον, espèce de poinçon, it. *conio*.

κούντουλα f., δίπρωρος, gondole, it. *gondola*.

κουντουμάτσα f., quarantaine, it. *contumacia*.

κρουζέτες ou κρουζέτες f., δίζυγα, barres de perroquet, it. *crocette*; κρουζετάδο πλοῖον, ἀθωράκωτον, sans hunes, c. à. d. navire dont les mâts sont munis de barres de perroquet au lieu de hunes. On trouve aussi κορσέτο (p. ex. Karkavitsas. p. 171), que M. Dieterich (B. Z. XI, p. 502) prend pour le même mot que κορσέτο = „corset", à cause „de la ressemblance de forme". Sa traduction („Mastkorb", hune) est inexacte.

κουρτελάτσα f., παραδολώνιον, bonnette (voile supplémentaire), it. *collellaccio*; κουρτελαττίνι n., παραφωτάνιον, bonnette de perroquet.

κούττα f., ἀντλία, sentine, vén. *cuzzo*.

κουφάρι n., σκάφος, carcasse du navire, it. *cofano*; pour expliquer l'*r* G. Meyer rappelle prov. *cofre*, fr. *coffre*. Κούφαρο, dont κουφάρι est le diminutif, veut dire *coffre*.

κόφα, θωράκιον, hune, it. *coffa*; πλοῖο κοφάδο, bâtiment à hunes.

κρουζάρω, διαδένω, brider, it. *(in)crociare*.

λαγκέτα f., ἐσχάνη, chaloupe, cf. it. *lancetta*. Pour le γκ comp. ci-dessus κακάτσι (influence d'un ancien dialecte roman?).

λαμαρίνα f., ἔλασμα, feuille de doublage, vén. *lamarin*.

λαντζάνα f., ὄντζα, haussière, vén. *anzana* (it. alzana). L'l provient de l'article italien.

λάντσο n., πρόπτωσις, élancement (de l'étrave), it. *lancio*.

λαπάτσες f., ζυγά, jumelles, it. *lapazze* (voir ci-dessus λαπάτσες).

λαργάρω et ἀλαργάρω, ἀπαβῶ, pousser au large, vén. *alargar*.

λασκάρω ἀρμένα, ἀναστρέφω, virer de bord; λ. σκενί, χαλαρῶ, relâcher; vén. *lascar*.

λατίνι n., τρίγωνον, voile latine, vén. *latin*.

λεβάντες, vent d'Est, it. *levante*.

λεβάρω, αἴρω, hisser, it. *levare*.

λέντια f., πλαγιοδέτης, retenue (nom d'un câble), it. *lentia*.

λιγαδούρα, ἐπίδεσμος, attache, amarre, vén. *ligadura*.

λιγάρω, amarrer, vén. *ligar*.

λίνεα f., rangée de vaisseaux, it. *linea*.

λόγκα βίστα f., διόπτρα, longue vue, it. *lunga vista*.

νοστρόμος m., ναυκλήρος, maître d'équipage, it. *nostromo*.

λουνάδα f., σιμότης, tonture (rondeur d'un vaisseau); λουνάτσα, même signification. Ces deux substantifs supposent un verbe *λουνάρω, it. *lunare*. En Italien *lunare* veut dire *échancrer, tailler en forme de croissant*; *lunata* (vén. *lunada*) signifie *échancrure*.

μαγκιόρα πανιά n. pl., grandes voiles, it. *maggiore*. À Venise on prononce *mazore*, dans la langue commune *madjore*; la forme grecque indique une prononciation différente que, pour ma part, je ne puis localiser.

μαγκάρω, σφάλλω, manquer, it. *mancare*; μαγκάρω πανιά, ἐλαττῶ ἱστία, diminuer de voile.

μαδέρι n., ἐπιγκενίς, madrier (planche épaisse), it. *madiere*. Le δ suppose une forme vénitienne, sans doute *mader; Boerio donne *mageri*.

μαϊνάρω, καταβιβάζω, amener (faire descendre), it. *(am)mainare*.

μαΐστρα f., μεγίστη, grand-voile, vén. *maïstra*.

μαϊστράλι n. ou μαΐστρος, σκίρων, vent de Nord-Ouest, vén. *maïstrale* et *maïstros*; μαϊστραλίζω, κλίνω πρὸς δύσιν, nordouester; μαϊστροτραμουντάνα f., σκιρωνοβορέας, vent du Nord-Nord-Ouest.

μάκινα f., μηχανή, machine, it. *macchina*.

μακαβέλα f., voir μουσκαβέλα.

μανετζάρω, manier, it. *maneggiare*.

μανούβρα (πλοίου) f., ἐξοπλισμός, équipement, vén. *manovra*; μανουβράρω, χειρίζω, manoeuvrer, vén. *manovrar*.

μαντιτζέλο n., ἔκσχοινα, palanquins de ris (poulies servant à amener les bouts des ris), vén. *mantecelo*.

μάντος m., πολύσπαστον, palan (assemblage d'une corde et d'une ou de plusieurs poulies), it. *mante*.

μαντσαμούρα f., mâchemoure, débris de biscuit, it. *mazzamurro*.

μαραγκόδεμα n., ξυλόδεσμα, espèce de nœud; la première partie du mot est l'it. *marangone* (ouvrier menuisier), qui a aussi passé en grec: μαραγκός, ξυλουργός.

μαραπόντια n., παραπέται, crocs ou crochets, auxquels on attache la toile des tentes: cf. vén. *marafoni*.

μαρινέρης m., ναύτης, marin, vén. *mariner*.

μάσκα f., παρειά, joue (partie arrondie de la coque), it. *masca*.

μαστέλο n., κάδος, baille, it. *mastello*.

ματαφιόνια n. pl., garcettes de ris, it. *matafioni*.

ματσόλα f., καλιστούρα, maillet à fourrer, it. *mazzuola*.

μέντζα n. pl., μέσαι, carguefonds (cordages fixés aux voiles pour les relever), it. *mezzi*.

μενούτο παλαίστρα n., μικρογραμμένον, vernier (réglette mobile servant à évaluer les fractions des divisions d'une échelle graduée), it. *minuto*.

μετζάνα f., ἱστὸς ἐπιδρόμου, mât d'artimon, it. *mezzana*; μετζάνα veut dire aussi, comme l'it. *mezzana*, „voile d'artimon". On trouve aussi la forme μεζάνα du vén. *mezana*.

μετζάνια f., milieu du navire, it. *mezzania*. M. DIETERICH (B. Z. XI, p. 503 dérive le mot de *mezzanina*, qui a une tout autre signification.

μετζαρόλα n., ἁμμωτόν, sablier, it. *mezzaruola*; aussi μεζαρόλα du vén. *mezarola*.

μετζάστα f., ou μετζάστα σημαία, μεσίστια, πένθιμος, le pavillon hissé à mi-mât; mot formé de l'it. *mezzo* et *asta* (gaule d'enseigne). Il est possible que la terminaison -στα ait été ajoutée en Grèce, mais la supposition de M. DIETERICH (B. Z. XI, p. 502) que μετζάστα dérive de *μετζα-ίστια est bien improbable. L'origine italienne du mot n'est pas douteuse, quoiqu' aujourd'hui on dise en Italie *a mezz' albero*, et non *a mezz' asta*. Le mot *mezzo* se retrouve encore dans: μετζαβόλτα f., ἡμίδεσμος, nom d'un cordage; μετζακάσκα n. pl., μετζόγια, barrots (certaines pièces de bois qui soutiennent le tillac); μετζστονελάδα f., ἡμιτόνιον, demi-tonne (du vén. *tonelada*, tonne); enfin μέτζο ou μέντζο tout seul veut dire „demi-rumb".

μεντάρω, ἀνακαμβάνω, reprendre (dans le sens technique de *rejoindre*), it. *mendare*.

μερλίνος n. ou μερλίνι, μέρμιθος, merlin (cordelette faite de deux ou trois fils tordus), it. *merlino*.

μολάρω, διανάω, λύομαι, lâcher, larguer, it. *mollare*.

μόλος m., jetée, it. *molo*.

μορόζος voir ἀμορόζος.

μόρτο n., προκάθισμα (ἀλύσεως), la bitture (portion du câble fixée à la bitte, qu'on étend sur le pont quand on se prépare à mouiller), de l'it. *morto*, c'est-à-dire pièce morte, qui pour l'instant ne fait pas de service. Le sens particulier s'est développé en grec, cf. θρουνίδα.

μούδα πανιά f., jeu de voiles, vén. *muda* (di vele). Sur μούδα „ris", voir ci-dessous dans la liste des mots douteux.

μουνουβέλο n. et μανουβέλα f., γέρανος, guindeau (petit cabestan dont on se sert pour lever l'ancre), it. *manovello*, vén. *manovela*. JAL a aussi μουνιέλο, guindeau, it. *mulinello*.

μούρα f., πόδπους, amure (nom d'un cordage), it. *amura*.

μουράγιο n., προκυμαία, môle, jetée; it. *muraglia* (rempart), qui cependant n'a pas cette signification spéciale. Le groupe -γι au lieu de -λι suppose un emprunt au vénitien; BOËRIO ne donne pas d'équivalent.

μουρέλο n., ἔμβολον, burin (sorte de gros épissoir), it. *borello*.

μούρτοι m. pl., ὑποστάται τῆς λέμβου, chantiers de chaloupe, it. *morse*. Ce n'est pas *morso* „frein", comme le croit M. DIETERICH (B. Z. XI, p. 502), qui traduit *morso* par „Maulkorb".

μούτσος m., ναυτόπαις, mousse, it. *mozzo*.

μπαγέτο n., πλεκτόν, paillet (tissu dont on enveloppe les câbles pour les défendre contre le frottement), vén. *pagieto*.

μπάγκος m., σέλμα, banc d'une barque, it. *banco*; μπαγκέτα f., θρανίον, petit banc, vén. *banchela* (it. *panchetta*).

μπαδέρνα f., tissu servant à protéger des cordages contre le frottement, vén. *baderna*.

μπακαλάροι m. pl., δίπλακες, ceintures du faux pont, anc. it. *baccalari* (JAL).

μπαλέστρα f., διακτότροπον, mouilleur, vén. *balestra*. L'explication de FINCATI „meccanismo mercè il quale si facilita l'operazione di dare a fondo l'ancora", ne fait pas comprendre la traduction en grec savant, qui veut dire „machine à double réflexion".

μπάλια n., grand baquet. Le mot it. *baglio* (bau) a une autre signification; en italien on nomme les μπάλια *tine*, *tinozze*.

μπαμπαφίγκος m. ou παπαφίγκος, οἄτων, perroquet (la traduction de G. MEYER, „Flaggenstock" est inexacte), vén. *papafigo* (it. *papafico*).

μπανκάττα n. pl., porte-haubans, it. *bancacce*.

μπάντα f., πλευρά, côté, it. *banda*.

μπαστέκα f., ἔντροχος, galoche (espèce de poulie), it. *pasteca*.

μπαστιγκάγι n., bastingage, it. *bastingaggio*.

μπαστούνι n., δοράτιον, bout-dehors, bâton de foc, vén. *bastun*.

μπαττερία f., batterie, it. *batteria*.

μπιγότα, κλοβός, cap-de-mouton (espèce de poulie), vén. *bigota*.

μπάντα, σείρα, ris (partie d'une voile qu'on a repliée); l'it. *binda* a, comme terme de marine, deux significations différentes, celle de „limande" (bande de toile dont on enveloppe un câble) et celle de „bande, ris". G. Meyer traduit le mot grec μπάντα par „Ankerwinde", et dit que le mot est en usage à Céphalonie; ce second μπάντα ne dérive pas de *binda*, comme le croyait Meyer, mais de *billa*, bitte (longue pièce de bois; dont l'usage est de tenir les câbles lorsque l'on mouille l'ancre).

μπομπάρδα f., λιβυρνίς, sorte de vaisseau, à l'origine une galiote à bombes, de nos jours „petit bâtiment marchand"; vén. *bombarda*.

μπομπρέσο n., πρόβολος, beaupré, it. *bompresso*.

μπόρα f., λαῖλαψ, averse, vén. *bora*.

μποτσάρω, δεσμεύω, bosser, it. *bozzare*.

μπότσος m., ἔχμα, bosse, it. *bozza*; μποτσέλο, saisine, it. *bozzello*. En italien le diminutif de *bozza*, *bozzello*, a surtout le sens de „poulie".

μπουγέλο n., κάδος, seau, vén. *bugiol* (it. bugliolo).

μπούκα λιμανιοῦ, εἴσοδος, entrée, it. *buca*; de là μπουκάρω, entrer dans un canal, un port (Karkavitsas, p. 207). M. Dieterich (B. Z. XI, p. 503) a tort de traduire μπουκάρω par „zusammenstossen" et de le rapprocher de *bocaro* (l. *bucare*).

μπουκαπόρτα f., écoutille, it. *boccaporta*.

μπουλβεδέρι n., perruche (petit mât de perroquet), it. *belvedere*.

μπούμα f., ἐπίδρομος, espèce de voile; it. *bome*, espèce de vergue, de là le nom de la voile qui se borde sur cette vergue. L'expression *buma iranta* qu'a recueillie M. Kretschmer (B. Z. VII, p. 402) et qu'il ne savait expliquer, veut dire μπούμα ἢ ἐξάρτια (cf. ci-dessous ἐξάρτια).

μπουνάτσα f., γαλήνη, calme, vén. *bonazza*.

μπούνιες f. pl., ποδεῶνες, les points de la voile, it. *bugne*. Le mot composé τερτσαμπούνια, παράθρια, cargues-points (cordages attachés aux points d'une voile pour la hisser), n'existe pas en italien; cf. τερτσίνο.

μπουντέλια n. pl., ou πουντέλια, στηλίσκοι, piecès de bois qu'on met sous les baux pour soutenir le navire, accores, it. *puntelli*; μπουντελάρω, accorer, it. *puntellare*.

μπουράσκα f., καταιγίς, bourrasque, it. *burrasca*.

μπούρδα f., σάκκος, espèce de voile, vén. *burda*.

μπούρδος m., τοῖχος, vibord, vén. *bordo*.

μπουρίνα f., πλαγιαστής, bouline, it. *borina*; μπουρίνι, σφοδρὸς ἄνεμος, mot formé de μπουρίνα et signifiant „vent qui force d'aller à la bouline". Πηγαίνω μπουλίνα veut dire „aller au plus près du vent" „loffer", et aussi „louvoyer" (,,lavieren", Dieterich B. Z. XI. p. 503).

μπουρλότο n., πυρπολικόν, vén. *burloto* (it. *brulotto*).

μπούσουλας m., πυξίς, boussole, it. *bussola*.

μπουταφόρα f., ἐπωτίς, bras (d'une vergue): vén. *butafora*, avec signification différente: „pezzo di legno, posto alla parte anteriore de' piccoli bastimenti, il quale serve loro di sperone" (Boerio).

μπράντα f., κλίνη, hamac, it. *branda*.

μπράτσο n. == μπουταφόρα, it. *braccio*; μπρατσάρω, κερουλῶ, brasser, it. *bracciare*.

μπρατσόλια n. pl., ἀγκῶνες, courbes (pièces de construction à forme angulaire), it. *bracciuoli*.

μπρίκι n., πάρων, brick, it. *brich*.

μπρουλάρω, συστέλλω, carguer, it. (*im*)*brogliare*; μπρούλια, συστολαῖ, cargues, it. (*im*)*brogli*.

νάβε f., δρόμων, corvette, it. *nave* (nom général).

ντάνα f., στοῖχος, rangée de vaisseaux ancrés l'un à côté de l'autre, it. *andana*.

ντούκες f. pl., σπεῖραι, les plis d'un câble roulé sur lui même, vén. *duchia* (it. *duglia*).

ντεσένιο n., σχέδιον, plan, it. *disegno*.

ντράγκα f., βυθοκόρος, fr. *drague*. Sans doute ce mot a été introduit en Grèce par des ingénieurs français.

ντριτσάρω, στρέφω, adonner (du vent), devenir favorable, it. *drizzare*.

όκιο n., ὀφθαλμός, écubier (trou à l'avant du vaisseau où passe le câble), it. *occhio*.

ορτσάρω, προσάγω, loffer (tenir le plus près du vent), it. *orzare*. G. Meyer a eu tort de traduire le commandement ὄρτσα (c'est plutôt ὄρτσα) par „links!"; au commandement ὄρτσα ἀλλὰ μπάντα (it. *orza alla banda*) on fait virer le vaisseau pour changer de route.

όστρια f., νότος, vent du Sud, it. *austra*.

οτάντε n., ὀκτάς, octant, it. *ottante*.

παγάδα f., calme. Je ne trouve pas ce mot dans les lexiques spéciaux (Jal, Kotsovillis, Ὀνοματολόγιον); il est cité par G. Meyer, qui le rapproche de *paga*, vén. *pagado*, „payé", mais il est évident qu'il n'a rien à faire avec ces termes: il dérive de *pacare* (vén. *pagare*) dans le sens de *calmer*, *apaiser*.

πάγκος m. et μπάγκος, σέλμα, banc (banc de rameur, banc de sable etc.), it. *banco*.

πακοτίλια f. et μπακοτίλια f., προμήθεια, approvisionnement, vén. *pacotiglia*. La signification d'„*approvisionnement*" est propre au terme vénitien: l'it. *paccotiglia* a le même sens que le franc. *pacotille*; il est donc inexact de traduire, avec M. Pernot, πακοτίλια par le terme correspondant en français.

παλάγκο n. et παράγκο, σύσπαστον, palan (système de poulies), it. *palanco*.

παλαμέντο n., l'ensemble des rames d'une barque, it. *palamento*.

παλμάκι n., δάκτυλος, palme (mesure), dimin. de l'it. *palmo*.

πανιόλο n., ἐπιφράκτης, plancher de cale, ital. *pagliolo*. Le *ν* au lieu de *l* fait difficulté.

πάντα f. et μπάντα f., πλευρά, flanc du navire, it. *banda*.

παντερόλι n., ἀνεμοδείκτης, girouette, vén. *banderola*.

παντιέρα f. et μπαντιέρα, σημαία, pavillon, it. *bandiera*; παντιέρα ντονιβέντο (it. *d'ogni cento*), ἄστατος; cette expression a été reçue dans le glossaire technique de Kotsovillis; elle paraît donc avoir une signification spéciale, mais je ne peux pas dire laquelle.

παραπέτο n., δρύφρακτον, parapet, it. *parapetto*.

παρέλα f., συμβολή, assemblage de deux pièces de bois; on trouve aussi παρέλες f. pl., παρέλια n. pl., παρίλια n. pl., dans le sens plus général de σύσκευα, appareil, it. *pariglia*. Le terme maritime italien se dit surtout d'une paire de poulies.

παρκέτα f., δρομόμετρον, loch, it. *barchetta*.

παρκέτο n. et παρουκέτο, ἀκάτιος ἱστός, mât de misaine, it. *parochetto*.

παρτσινέβολος m., co-armateur, vén. *parcenevole* („che entra a parte col proprietario d'una nave'' Boerio). L'usage d'équiper et de fréter un navire à frais communs est très répandu en Grèce.

πασαμπάγκος m., παράστελμα, marchepied, banc volant; de l'it. *passare* et *banco*. Je n'ai pas retrouvé le mot composé en italien.

πασαγιέρης m., passager, vén. *pasagiero*.

πασαδούρος m., διαβάθρα, marchepied de vergue, vén. *passador* („celui qui fait passer'', „passeur''; la différence de signification n'est pas assez importante pour faire difficulté).

πάσαρα f., φαλαινίς, baleinière (canot au service des grands navires); vén. *passera*, avec signification différente, d'après Boerio, mais Fincati (Préface, p. 41) dit que les Vénetiens appellent ainsi le plus petit canot d'un navire.

πατεράτσα n. pl., παράτονοι, galhaubans (longues cordes tendues de chaque côté des mâts et fixées à la muraille du navire), it. *paterazzi*.

πατερνάρω, περιελίσσω, fourrer un cordage, de l'it. *baderna* (cf. μπαδέρνα). On trouve aussi πατορνάρω et πατρουνάρω, qui n'ont pas d'équivalent en italien; la dernière forme est une corruption par parétymologie de πατέρναρω.

πέννα f., ἱστίον, vergue, it. *penna*.

πεσκαδούρος m., καταχαλαστής, traversière (palan servant à repêcher l'ancre), vén. *pescadore* (it. *pescatore*); πεσκάρω τὴν ἄγκυρα, ἀγκυρῶ, repêcher l'ancre, it. *pescare*.

πεδιπόρκο n., gros levier fendu à son extrémité (cf. en fr. „pied de biche, pied de chat, pied de chèvre" etc.), it. *pie di porco*.

πίκι n., κέρας, corne, it. *picco*.

πιλότος m., πλοηγός, pilote, it. *piloto*; πιλοτιέρα f., πιλοτίνα f., πλοηγὸν πλοῖον, vaisseau de pilote; πιλοτάγιο n., πλοηγία, pilotage, it. *pilotaggio*.

πινό n., κεραία, vergue; cf. it. *pennone*.

πινελάρω, ἐπικρεμῶ, empenneler (attacher à une ancre un câble au bout duquel est fixée une petite ancre qu'on peut jeter pour renforcer l'ancre maîtresse), it. *penellare*.

πινέλο n., ἰσχάς, ancre à jet, it. *penello*.

πίπα f., δοχεῖον, pipe (grande futaille). L'it. *pipa* n'a pas cette signification à ce qu'il paraît: le portugais *pipa* signifie „tonneau". Le mot est donc probablement d'origine portugaise; en Hollande on donne le nom de „pijpen" aux tonneaux qui contiennent des vins d'Espagne et d'Oporto.

πιστόνι n., ἐμβολεύς, piston, vén. *piston*.

πόμπα, ἀντλία, pompe, vén. *pompa* (en italien ou dit d'ordinaire *tromba*, mais la pompe d'un navire s'appelle aussi *pompa*).

πόμολο n., ἐπίμηλον, pomme du mât, it. *pomolo*.

πονέντες, ζέφυρος, vent d'Ouest, it. *ponente*.

ποντόνι, πάκτων, ponton, vén. *ponton*.

πουλάκρα f., polacre (espèce de navire), it. *polacra*.

πορτέλα n. pl., θυρίδες, sabords, it. *portelli*.

πόρτο n., λιμήν, port, it. *porto*.

πορτογκέζα f., σταυρόδεσμος, nom d'un noeud („portugaise"), it. *portoghese*.

ποστάλι n., ταχυδρομικόν, bateau-poste, it. *postale*.

πόστες f. pl. (πόστες τοῦ πλοίου), ὀστέωσις, couples, it. *posta*.

πουντάρω, προσδένω, it. *puntare*. La signification du mot italien (pointer, p. ex. pointer la carte) n'est pas en accord avec la traduction en grec savant; je n'ai pas trouvé dans le texte de Κοτσο-ΒΙΛΛΙΣ une indication qui me permette de préciser la signification du mot. L'étymologie n'en est pas douteuse.

πουντέλι n., στυλίσκος, mâtereau qu'on dresse pour soulever des fardeaux, it. *puntello*; πουντελίνι μπούσουλα n., ὀβελίσκος, pivot de la boussole.

πρέζα f., prise (bateau pris à l'ennemi), port. *presa*. L'italien *presa* a une toute autre signification, celle de „colonne d'amarrage";

on dit pour „prise", dans le sens de bateau capturé, *preda*.

προβάρω, δοκιμάζω, examiner, it. *provare*.

προβιζιόνα f., προμήθεια, approvisionnement, it. *provisione*.

προύβα f., proue: gén. *prua* (Kretschmer, B. Z. VII, p. 404) ou vén. *proca*.

πούπα f., poupe, vén. *pupa*.

ράντα f., κέρας, gui, vergue dont un bout est fixé au mât d'artimon et l'autre saillant hors du navire; sur cette vergue est amarré le bas d'une voile qui en italien s'appelle *randa*. Ράντα désigne aussi une espèce de voile (B. Z. VII, p. 402). On voit donc que le même mot qui en italien désigne la voile, indique en grec aussi la vergue qui la porte; μπούμα et *bome* présentent un cas analogue.

ρατσιόνι n., ration, vén. *razion*.

ρεζέρβα f., ἐφεδρεία, bateaux de réserve, it. *riserva*.

ρελεβάρω, διοπτεύω, relever (déterminer l'endroit où se trouve un objet), it. *relevare*. Deux substantifs correspondant à ce verbe sont en usage, à savoir ρελεβάρισμα, διόπτευσις, de ρελεβάρω, et ρελέβο n., it. *rilevo*.

ρεμετζάρω, ὁρμίζω, amarrer. Jal dérive le mot grec d'un terme vén. *remeggiare* qui ne se trouve pas dans les dictionnaires que j'ai pu consulter, mais qui, d'après Jal, serait une corruption d'*ormeggiare*. L'it. *ormeggiare* (dérivé à son tour de ὁρμίζω) répond exactement pour la signification. Les ρεμέτζα, πείσματα, sont les amarres, it. *ormeggi*; le substantif grec est un nom postverbal de ρεμετζάρω.

ρεσπέτο n., ἐφεδρεία, réserve, vén. *respeto*.

ρεφόρτσο n., ἐνδυνάμωσις, renfort, it. *rinforzo*.

ροδάντσα f., ψέλλιον, cosse. Le δ indique une origine vénitienne; Boerio donne *radanchia*; *-chi* peut devenir -τσ en grec.

ρόδα τιμονιοῦ f., οἰακοστρόφιον, la roue du gouvernail, vén. *roda*. On parle aussi des ρόδες τοῦ βαποριοῦ.

ροκέτα f., σκυταλίς, fusée (de signaux), it. *rocchetta*.

ρότα f., πορεία, route, it. *rotta*.

ρολλάρω, rouler (d'un navire), it. *rollare*; ρολλάρισμα n., roulis.

ρεφουλιά f., ραφάλα f., ρουφαλίδα f., grain, bourrasque, vén. *refolo*. La seconde forme est le franç. *rafale*; ρουφαλίδα doit peut-être sa forme à une étymologie populaire faite sur ρουφῶ.

σάγουλα f., σχοινίον, ligne, vén. *sagola*.

σαΐκα f., espèce de navire, it. *saicca*.

σαλβαβάρκα f., σωτηρίας λέμβος, barque de sauvetage. Le mot est formé en grec de σαλβάρω (it. *salvare*, sauver) et de βάρκα; en italien on dit *lancia di ricupero*.

σαλαμάστρα f. et σαλαμάστια, πλεκτόν, raband (pièce de corde servant à faire des liaisons, à amarrer des manœuvres etc.), it. *salmastra*.

σαλούπα f., ἄκατος, chaloupe, vén. *sialupa*; σαλουπιέρης, ἀκατίτης, chaloupier.

σαλπάρω, ἀνασπῶ, déraper (lever l'ancre), it. *salpare*; σαλπάρισμα, l'action de lever l'ancre.

σέξταντε n., ἑκταμέριον, sextant; mot demi-français, demi-italien (*sessante*).

σερπλῖνο n., συστολεύς, cargue-bouline; de σέρρω (it. *serrare*, ferler) et πλῖνο. Le mot composé n'existe pas en italien.

σερβίτσια n. pl., ἐπιχείρια, manœuvres courantes (cordes qui passent sur des poulies), it. *servizi*.

σέσσολα f., ἀντλίον, écope (pelle de bois pour vider l'eau), it. *sessola*.

σιάρω, σκάζω, scier (aller à reculons, la poupe devant), it. *sciare*. La traduction en grec savant rend plutôt l'étymologie que la signification du terme.

σιγόνδος m., second lieutenant de vaisseau, vén. *segondo* (tenente).

σιγουράρω, ὑφίημι, amener une voile, vén. *segurar*; la signification spéciale s'est développée en Grèce.

σινιάλο n., σῆμα, signal, it. *segnale*.

σιρόκος m., εὐρόνοτος, vent du Sud-Est, it. *scirocco*.

σκαμπαβία f. et σκαπαβία, πρώτη λέμβος, sorte de canot, it. *scappavia*. Fincati (p. 49) dit qu'il n'a trouvé le mot italien que dans une liste de la flotte de Ferdinand III de Naples. Le grec a donc conservé un terme vieilli en italien.

σκαμπανεβάζω, προνευστάζω, tanguer, rouler; de l'it. *scampare* (échapper) et de ἀνεβάζω, donc: „aller et venir", „échapper et avancer".

σκαντάλιο n., βολίς, plomb de sonde, it. *scandaglio*; σκαντιλιάρω, βολίζω, sonder, it. *scandagliare*.

σκαντζάρω, ἀλλάσσω, changer (les bras), it. *scansare*.

σκαρτάρω, χωρίζω, écarter, it. *scartare*; σκαρτάρισμα μπούτουλα, παρεκτροπή, déviation; σκάρτο, rebut, it. *scarto*.

σκάσσα f., ἰχνός, ὀπή, emplanture du mât, it. *scassa*. Voir κάσσα.

σκόγιο n., écueil, vén. *scogio*.

σκότες f. pl., πόδες, écoutes, it. *scotte*.

σκούνα f., ἡμιολία, goélette, schooner, it. *scuna*.

σκόντρο m., ἀπάντημα, arc-boutant, it. *scontro*; σκοντρῶ, συγκρούομαι, heurter.

σκουπαμάρα f., παρακάτιον, bonnette basse (voile supplémentaire), it. *scopamara*.

σμπίρο, στρόφος, erse, estrope (corde qui rattache l'aviron au tolet): it. *sbirro* (agent de police). Cette signification spéciale de la corde qui *retient* l'aviron s'est developpée en grec.

σοβράνου, ὑπερηνέμας, au vent, it. *sovrano*. De ce mot on a formé σοβρανάρω, πρωτηνεμῶ, gagner le vent (it. *sovraneggiare*).

σοπάρω, ἀντηνεμῶ ἱστίον, mettre la voile contre le mât; je n'ai pas retrouvé ce verbe en italien. Il paraît donc que c'est un dérivé grec de σόπρα, ἐπί, ἐπάνω, it. *sopra*.

σοτοβέντε, ὑπηνέμας, sous le vent, it. *sottovento*.

σούστες f. pl., κερούχοι, gardes (d'une vergue), it. *suste*.

σπεράντσα f., ἱερὰ ἄγκυρα, maîtresse ancre (ancre de salut), it. *speranza*.

στανιάρω, étancher (vider à l'aide des pompes), it. *stagnare*.

στανταρόδι n. et σαντάρδο, στηλίδιον, gaule, vén. *stendardo*.

στιβάρω, στοιβάζω, arrimer, it. *stivare* (de *stiva*, στείβη).

στινγκάρω, συστέλλω, carguer, port. *estingar*. L'it. *sticcare* a un autre sens, à savoir: „pincer le vent".

στράλιο n., ἀνάδρομος, étai (corde pour affermir le mât du côté de l'avant), it. *straglio*; στραλιέρα f., ἀναδρομικὸν ἱστίον, voile de la drille, it. *stragliera*.

στραπόρτο n., σκευαγωγόν, flûte (bâtiment qui transporte les bagages), it. *straporto* = *trasporto*.

στράτσο n., στυπόχαρτον, papier de doublage, vén. *strazzo* (it. straccio).

στρόπος m., στρόβος, estrope, it. *stroppo*.

φιλάτσο n., κλώσμα, fil de caret, it. *filaccio*.

τάκος m., τύλος, taquet, it. *tacco*.

τάλια f., τροχιλία, poulie, port. *talha*.

ταλιαμάρ m., θώραξ, taillemer, guibre, vén. *tagiamar* (it. tagliamare).

ταρτάνα f., tartanne, it. *tartana*. D'après FINCATI „navicella latina, in uso nel Mediterraneo occidentale"; le mot grec, inconnu à KOTSOVILLIS et aux auteurs de l'Ὀνοματολόγιον, est probablement d'un usage très restreint.

τεζάρω, ἐντείνω, ἀνατείνω, raidir un cordage, it. *tesare*.

τελεσκόπιο, τηλεσκόπιον, télescope, it. *telescopio*.

τεπόζιτο ἀτμοῦ, νεροῦ n., δεξαμένη, réservoir, it. *deposito*. On trouve aussi ντεπόζιτο (p. e. KARKAVITSAS, p. 127; chez le même auteur, p. 140, on lit τεπόζιτο).

τέρρα τέρρα (τέρχα), côtoyer, it. *terra*.

τεστατουμόρος m., στηλέπαγκον, chouquet (bloc de bois qui sert à assembler un mât supérieur avec un bas mât), it. *testa di moro*.

τσιβάδα f., διατεινούσα, civadière (voile attachée à une vergue qu'on grée au bout du mât de beaupré), it. *civada*.

τζιρόνι κουπιοῦ n., ἐγχειρίδιον, manche d'aviron, vén. *ziron* (it. *girone*).

τιμόνι n., πηδάλιον, gouvernail, vén. *limon*; τιμονιέρα f., πηδαλιουχεῖον, timonerie, it. *limoniera*; τιμονιάζω, βάττω τιμόνι, αἰακίζω, gouverner; τιμονιέρης, πηδαλιοῦχος, timonier, it. *limoniere*.

τιραμολάρω, μαθέλκω, affaler; mot formé en grec du vén. *far tiramola*, de *tira e molla* (tirer et larguer). Les impératifs τίρα et μόλα sont aussi en usage en Grèce.

τονελάδα f., et τελενάδα, κόρος, tonne, vén. *tonelada*. On dit aussi τόνος, tonne, emprunté à l'anglais (*ton*).

τουρέλο n., ἐπιστρόφιον, gabord (partie basse du bordage extérieur d'un navire), it. *torello*.

τουρκετίνα f., ἀρτεμώνιον, petit foc, it. *trinchettina*.

τουρκέτο n., ἀκάτιος ἱστός, misaine, it. *trinchetto*.

τουρνέλα f., πλεκτάνη, tresse, it. *trinella*.

τραβέρσες f. pl., ζυγίδες τοῦ θωρακίου, traversins de hune, it. *traverse*.

τραβέρσο (στάσιμο) n., ἀντιμονή, cape (position d'un navire en travers du vent), it. *al traverso*.

τραβερτάρω, διαπλέω, traverser, it. *traversare*; τραβερσάδα f., διάπλους, traversée, vén. *traversada*.

τραμουντάνα f., βορέας, vent du Nord, it. *tramontana*.

τριγκέτα f., tourmentin (voile qu'on grée sur l'étai du mât de misaine), it. *trinchetta*. G. MEYER, qui a pris *trinchetta* et *trinchetto* pour des formes de signification identique, a traduit τριγκέτα par „Vormastsegel"; cette voile s'appelle en grec

τρίγκος m., voile du mât de misaine, it. *trinchetto*. Il est probable que le grec a conservé un terme *trinco* qui en italien a dû céder la place à un diminutif.

τρίγκα f. pl., διαδέτης, saisine (surtout la liure du beaupré), it. *trinca*.

τριτσαρόλια n. pl., ris, it. *terzaruoli*. Ce mot n'est cité que par JAL et seulement dans la combinaison πάντα (l. μπάντα) (*benda*, bande) τῶν τριτσαρολίων.

τρόμπα f., ou τρούμπα, ἀντλία, pompe; τρόμπα ou τσούμπα μαρίνα, θαλάττια σάλπιγξ, porte-voix, it. *tromba*.

τρότσα f., ἀγκώνη, raccage (collier en bois qui lie l'antenne au mât), it. *trozza*.

τσέρκι n., ἴτυς, cercle en fer, it. *cerchio*.

τσουρμάρω, équiper, de τσούρμα, it. *ciurma*. On appella *ciurma* (fr. *chiourme*) les rameurs de galère, et aussi, à la grande indignation du capitaine de vaisseau FISCATI (p. 37 suiv.), l'équipage de tous les navires.

τσούντα f., περθεία, palan, vén. *zonta* (it. giunta): τσουντάρω, ὑφῶ, hisser, tendre verticalement.

φάλκα f., θυρίς, sabord, vén. *falca*.

φατσία f., κειρία, limande (bande de toile goudronnée dont on enveloppe une partie des cordages), it. *fascina*; φατσάρω, κειρῶ, limander.

φάλτσο, ψευδές, faux, it. *falso*. Ce mot se rencontre dans plusieurs composés comme φαλτσοπαταράτσα n. pl., ἐπιπαράτονοι, faux-galhaubans (voir ci-dessus i. v. παταράτσα etc.). Peut-être JAL a-t-il raison quand il propose de dériver φαλτσάρω, refuser (en parlant du vent), de *falsare*.

φεργάδα f., δίκωπον, frégate, vén. *fregada*.

φερμάρω, ἐντείνω, ἀσφαλίζω, affermir, vén. *fermar*.

φέρτσα f., φύλλον πανίου, laize (largeur d'une étoffe entre deux lisières), it. *ferzo*.

φιαμπόλα f. et φιάμπολα, ἐπίσειον, banderole, vén. *fiamola*.

φιγούρα f., εἰκών, ἀκρόπρωρον, figure (statue en bois à la proue d'un navire), vén. *figura*.

φιλαδούρα n., ἐντόνιον, nom d'un cordage, vén. *filadura*, avec un sens plus général: „ogni cosa filata" (BOERIO).

φιλάντσα f., ἐπίσειον, banderole, it. *filandra*.

φιλαρέτο n., κιγκλίδωσις, bastingage, it. *filaretto*.

φινέστρα f., θυρίγκης, claire-voie, it. *finestra*.

φρασκόνι n., μεσίστιον (σύσπαστον), espèce de palan, vén. *frasconi*.

φλάτσι n., κλεῖθρον, flèche (longue vergue), it. *freccia*. JAL donne φλέτσι, ce qui nous fournit un terme intermédiaire.

φλόκος m., ἀρτέμων, foc, it. *fiocco* et *flocco*. De là φλοκέρης, ἀρτεμονίτης, gabier de foc et φλοκίνι, ἐπιπρόσθιον, clin-foc (petit floc).

φλόττα f., flotte, it. *flotta*.

φόρος m., vergue sèche (c'est à dire: qui ne porte pas de voile), vén. *fogo* (voir βαρδαφόρος).

φόδρα πλοίου f., ἐντερόνεια, doublage, vén. *fodra*; φοδράρω, περικαλύπτω, doubler, vén. *fodrar*.

φορτσάρω κωπί, ἐρέσσω, faire force de rames, vén. *forzar* et *sforzar* („raddoppiare gli forzi dei remi" BOERIO).

φόρα, „dehors" dans φόρα τὴν ἄγκυρα, levez l'ancre; φόρα τὰ ποντίλια, enlevez les accores (KARKAVITSAS, p. 32 et 293); vén. *fora* (it. fuora).

φουγάρο m., ou φουγάρι n., καπνοδόχος, tuyau de cheminée, cf. it. *focolare*. GUSTAVE MEYER cite d'un dialecte du Nord de l'Italie la forme *fugaro*.

φουντάρω, ἀγκυροβολῶ, mouiller l'ancre, it. *fundare*. Le bas-latin *fundare* a une signification très rapprochée, celle de „demergere" (cf. Kretschmer, Byz. Zeitsch. VII (1898), p. 400); ce qui me fait croire que le mot grec est un emprunt italien, c'est l'existence du subst. φουστάδα f., mentionné par Jal et signifiant „bitture" (portion du câble qui doit filer avec l'ancre). Cependant il est possible aussi que φουστάδα soit un nom postverbal de φουστάρω: Boerio ne connaît pas le terme correspondant en vénitien.

Φουρκάδες m. pl., στηρίγματα, chandeliers (supports destinés à soutenir les chaloupes, les fanaux etc.), vén. *forcole*.

Φόρμες f. pl., τράπεζοι, lice d'exécution (ceinture de bois qui dans un navire en construction maintient les couples qui doivent former la carcasse), it. *forme*.

Φουρτούνα f., τρικυμία, tempête, it. *fortuna*.

Φούστα f., bâtiment de pirates, it. *fusta*.

Φουστανέλλα f., voile de la φούστα, qui dans d'autres navires s'appelle τρίγκος. La terminaison de ce mot et le fait qu'il ne se trouve pas en latin nous autorisent à supposer un mot ancien-italien *fustanella*, nom d'un vêtement, formé de *fustana* (anc.-français *fustaine*) qui dérive de Fostât (de φουστάτον, fossatum), nom du Vieux Caire.

Il est curieux que le mot φουστανέλλα, le nom si connu du vêtement national, ait échappé à Gustave Meyer et à ses continuateurs; il manque même dans les dictionnaires de Somavera, de G. Vlachos (1801), de Lownde, de Byzantios et de Legrand, qui ne donnent que φουστάνι, robe. Du Cange et Coray n'en parlent non plus.

IV.

L'étymologie des termes suivants présente des difficultés. Ce sont des mots qui ont un aspect roman plus ou moins prononcé; pour plusieurs on peut indiquer avec une presque certitude le mot italien dont ils dérivent, mais même alors une différence de signification qu'on ne saurait négliger nous défend de les admettre parmi les termes dont l'origine paraît indubitable. Je les ai donc mis à part: il est inutile de citer toutes les hypothèses auxquelles ces termes peuvent donner lieu. Sans doute un romaniste pourra donner des éclaircissements là où j'ai dû me borner à signaler des mots maritimes grecs comme „suspects" d'être d'origine romane, ou à indiquer des mots romans qui présentent des traits de ressemblance avec les termes grecs sans leur être tout à fait identique. Dans la liste de Kotsovillis il y a un certain nombre de mots qui me paraissent être d'origine turque; il se peut qu'un œil plus exercé que le mien découvre parmi les termes que je n'ai pas abordés quelques mots empruntés à une langue romane.

ρέα (Ὀνομ.) ou ἡρά (Kotsovillis), τροχαλία, rondement (d'après la traduction de l' Ὀνομ. „à réa"). Il existe en français un mot *réa* signifiant „le rouet d'une poulie": l'origine en est inconnue. C'est le seul mot roman que je puisse rapprocher du terme grec. Je n'ai pas pu retrouver dans les lexiques français l'expression *à réa*: ἡρά, τροχαλία, désigne une façon de manœuvrer un navire ou d'établir une voile.

ἀσός m., ἀκρωτήριον, extrémité de la quille; l'accent et la signification du mot défendent de le dériver de l'it. *asse*, planche, ou du vén. *asso*, axe.

βιάρω, ἰχνογραφῶ, modeler, façonner conformément aux indications du gabarit. On peut penser à un dérivé de *viare*, mais je ne connais aucun mot roman dont la signification se rapproche de l'expression grecque. Le bas-latin *viare*, faire route, ne fournit pas non plus un sens satisfaisant.

γκούσα f., κατάπελον, bordure, vén. *gussa?* Le vén. *gussa* veut dire „écorce", „gousse", et le mot correspondant en italien (*guscio*) signifie „corpo d'un bastimente senz' alberi, corde e guarnimenti" (Scarabelli). L'étymologie est donc possible, quoique incertaine. La signification précise de γκούσα n'est pas donnée dans le corps du livre de Kotsovillis, et le mot manque dans l' Ὀνομ.

γούργουλα κουπιοῦ f., οὐράδιον, ἔλαξ, godille (aviron de queue). L'it. *gorgoglio* et surtout le provençal *gourgoul* correspondent assez bien pour la forme, mais la signification („charançon") nous défend de les identifier.

ζεργάτα f., κολαστήριον, trévire; d'orig. romane?

ζούρλοι m. pl., στέλματα, jarretières (cordage tourné autour de certaines vergues pour les tenir serrées); d'orig. romane? A noter l'accent!

καμπόνι n., πρότονον, château d'avant, it. *campone?*

καργέλι n., χαλαστήριον, hale-bas; probablement un dérivé de l'it. *cargare*, mais la forme fait difficulté.

κόβα f., ἀρτάνη τῆς κεραίας, suspente (cordage). Les dictionnaires traduisent l'it. *cova* par „tanière", „écaille", „gerbe", trois significations qui n'ont qu'une chose en commun, c'est qu'aucune d'elles ne peut servir à expliquer le sens du mot grec.

καργουδέρα f., ἔλαξ, barre de gouvernail; d'origine romane?

μαραβίλια f., ἱμάστης, cartahu (cordage volant servant à hisser). L'it. *maraviglia* (merveille) n'est cité nulle part dans un sens analogue, mais la forme répond si bien au mot grec qu'on a peine à douter du bien fondé de l'étymologie.

μπούσι pl. f., ἐπιράμματα, τσιπαί, ris (partie d'une voile qu'on a repliée); μπουσάρω, τσιπάρω, prendre des ris, risser. On voit que la supposition de M. DIETERICH, qui traduit μπούσι par „Mastkorb", ne se soutient pas. Si μπούσα, μπούσια sont d'origine romane, il faut partir du verbe et croire qu'on a défini l'action de *risser* comme un *changement de voile* (vén. *mudare* = changer); μπούσα serait le nom postverbal du verbe grec. Mais tout cela me paraît bien spécieux et je ne suis même pas sûr que μπούσα soit d'origine romane. J'en ai parlé parce que M. DIETERICH a discuté la signification du terme.

μπάντζα m., πόδισμα, amure; de l'it. *bagno*, c'est à dire „câble qui relient"? Pour la transition de sens on pourrait comparer σπατζα, „agent de police", de là „estrope de l'aviron".

μπαρμπαρέτσα f., ἐπιλάβειν, bosse du câble. Le français *barbarasse* (d'origine inconnue, d'après HATZFELD-DARMESTETER) a la même signification.

μπάρα f., σύρτης, poulie de retour; it. *barra*? En italien le mot *barra* ne signifie jamais „poulie"; l'étymologie n'est donc pas tout à fait certaine. Le mot σύρτης a les deux significations: „verrou" et „espèce de poulie".

μπαρκομπέστια f., ἡμιολιοδρόμων, espèce de corvette. L'origine du mot paraît indubitable, mais je ne sais que faire de la seconde partie (μπέστια). J'ai adopté la graphie de KARKAVITSAS (p. e. pp. 103, 115, 233); KOTSOVILLAS écrit le mot en deux. JAL ne le connaît pas.

μπατάρω, ἀναστρέφω, retourner; l'it. *battere* n'a pas un sens analogue. En langage maritime on dit *battere bandiera*, porter enseigne.

μπέξα f., σφενδόνη, jambe de chien (nom d'un nœud): d'origine romane?

μπίμπιλο, στηλιδωτόν, à pibles (un mât à pibles est un mât de trois morceaux, entrés les uns dans les autres): le mot français et le provençal *pipoulo* attestent l'origine romane du terme grec.

μπόμπα f., βαρούλκον, guindeau: it. *bomba*? Les dictionnaires qui sont à ma disposition ne donnent pas pour *bomba* une signification qui pourrait expliquer le mot grec.

μπούνια n. pl., εὐδίαια, dalots. Il est évident que ce mot ne dérive pas de *bagne* (voir ci-dessus μπούσι): le seul mot italien que je puisse rapprocher est *bagno*, signifiant aujourd'hui „ruche", mais „negli autori antichi è anche il *foro* o l'*apertura* della miniera" (SCARABELLI). JAL fait venir μπούνια de l'it. *bugio*, trou.

πάρτις n., navire. L'étymologie de GUSTAVE MEYER, qui rapproche le terme grec d'un mot vén. *parti(d)o*, est rien moins que certaine. Boerio n'a rien de correspondant pour le sens. La signification „navire" donnée par Legrand, dans son dictionnaire, est confirmée par M. Dieterich (Byz. Zeitschr. X (1901), p. 591).

πέλλα f., σελίς, falque (bordage mobile dont on exhausse le bord d'un bâtiment). Jal dit que sur les petits navires on fait ce bordage de toile goudronnée, ce qui, peut-être, nous autorise à voir dans πέλλα l'it. *pelle* (peau).

πικάγιο n., στηβόϋχος, cartahu (cordage volant pour hisser); d'origine romane?

πόντζ' ἀλὰ μπάντα, κατὰ πρύμναν. Dans ce cas l'explication du terme populaire est rendu difficile par la traduction en grec savant. L'it. *ponzare* veut dire „pousser, faire des efforts", et *banda* le „flanc" du navire; on serait donc disposé à traduire: „abattre sur côté", en italien *dare alla banda*.

πουργάδα f., voie d'eau. Le vén. *purgada* est le nom d'une mesure „che comprende tanto spazio di lunghezza quanto è 'l dito grosso della mano" (Boerio). Le rapport sémasiologique m'échappe.

πουστάδα f., ὑδρόμετρον, hydromètre; d'origine romane?

ρέλια τῆς κόφας n. pl., ῥέλια ϑαράκιου, gambes de hunes (cordages dont l'usage est de retenir les hunes). Il est difficile de séparer ce mot de ρελιάζω (ourler), mot que cite Gustave Meyer et qu'il dérive (sans explication aucune) de l'it. *orlare* (cf. *remeggiare* de *ormeggiare*). Pour la signification ρέλια se rapproche plutôt de ῥέγλα (du lat. *regula*), mais ici encore le rapport sémasiologique reste peu clair.

σαμπάνι, ἐπτάνη, sangle de canot; d'origine romane? Jal cite un mot ancien-italien *ciampana* „un navilio piccolo"; je ne sais si le mot grec se rattache à ce terme, dont, peut-être, il faut voir un développement ultérieur dans

σαμπαττιέρα f., γαυλολιϑυρίς, espèce de navire.

σαντζαμπάνιο n., σημαιόσχοινον, drizze du pavillon; d'origine romane?

σεριάρω (τὸν ἀργάτη), ἐτσιμάζω (τὸν ἐργάτην), garnir le cabestan; d'origine romane?

σακάρω, ἕλκω, souquer. L'origine du mot français est incertaine; il a la même signification que σακάρω.

σουβερτάρω, παρεκτρέπομαι, dévier. M. Dieterich (Byz. Zeitschr. X (1901), p. 595) dérive ce mot, qu'il écrit σουβερτάρω, de *soccertare* que je ne retrouve pas dans mes dictionnaires. *Soccertere* a une signification différente (subvertir). J'hésite donc à admettre l'étymologie de M. Dieterich, mais je n'en ai pas d'autre à proposer.

ταρέτα f., πολύσπαστον, palan; d'origine romane?

τζαβέτα f., γόμφος, tampon, bouchon: peut-être dimin. de l'it. *zaffo*, qui a la même signification.

τρακάρω, ἐμβάλλομαι, aborder; d'origine romane? Voir G. Meyer i. v. ντρακάρω.

σιλάρω, barbeyer, battre de côté et d'autre sous l'effort du vent. L'italien *filare* (filer) n'a pas cette signification à ce qu'il paraît; Fincati traduit barbeyer par *fileggiare*. Cependant il est très possible que dans le temps on ait dit en italien *filare*.

Φρακάρω, προέλκω, touer; le mot vén. *fracar* signifie „premere, calcare". Jal a un mot Φρακκριές signifiant „les pommes de racage".

V.

C'est à tort qu'on a attribué une provenance romane aux mots suivants:

ἀμπάρι n., κῦτος, cale. M. Kretschmer y voit un dérivé de l'it. *barra* et compare, ingénieusement sans doute, les deux significations du bas-latin *claustrum*. Mais le turc *anbar*, qui a le même sens, est sans contredit l'original du mot grec.

καλαφατίζω, διακνάπτω, calfeutrer. D'après Gustave Meyer ce mot, d'origine arabe, a passé par l'it. *calafatare*, mais le fait qu'on lit καλαφάτησις déjà dans le livre des Cérémonies de Constantin Porphyrogénète (p.p. 658, 13; 675, 6), et que καλαφατίζω se rencontre plusieurs fois chez les auteurs byzantins (voir le dictionnaire de Sophocles), rend probable que nous avons affaire à un emprunt direct.

κιλό n., μέτρον σίτου ἐκ. 20 περίπου, mesure de blé. M. Pernot (l.l.) a dérivé ce mot du français *kilo*; il m'a signalé lui-même son erreur: κιλό est le mot turc *kilo*, de signification identique avec le terme maritime grec. Le turc *kilo* n'a rien à faire avec le mot français, mais dérive d'un original arabe *keïle(t)*, forme féminine de *kejl*.

μαούνα f., φορτίς, chalan. M. Pernot voit dans ce mot l'it. *maona*, mais il est bien plus probable que μαούνα vient directement du turc *maûn* (Jal), qui répond très-bien pour la forme et pour la signification. *Maûn* vient de l'arabe *maʿ ôn* (Dozy—Engelmann, Glossaire des mots Espagnols etc., Leyde 1869, i.-v.); qu'on compare Du Cange, Glossarium inf. Latin. i. v. *mahona*.